EL DERECHO DE ARMARSE

ERNESTO VILLANUEVA

EL DERECHO DE ARMARSE

Lo que todo mexicano debe saber sobre la posesión y portación legales de armas de fuego

ERNESTO VILLANUEVA

ediciones proceso

EL DERECHO DE ARMARSE
Lo que todo mexicano debe saber sobre la posesión y portación legales de armas de fuego
Colección de Investigación Académica Aplicada de Interés Público

Esta obra fue arbitrada por pares académicos bajo el sistema de "doble ciego"

Primera edición: agosto de 2017

Coordinación editorial: Alejandro Pérez Utrera
Foto portada: diamonddcustomleather.com
Diseño portada: Alejandro Valdés Kuri y Fernando Cisneros Larios
Diseño y formación: Fernando Cisneros Larios

edicionesproceso@proceso.com.mx

ISBN: 978-607-7876-46-5
Impreso en México / Printed in Mexico.

ÍNDICE

INTRODUCCIÓN

La inseguridad creciente en México motivó que el tema del derecho humano a la posesión y portación de armas de fuego para la legítima defensa de la integridad personal, familiar y patrimonial se ubique en la agenda de la discusión pública. Hasta hace cuatro años la mayor parte de la población pensaba que el asunto debía estar alejado de la deliberación social. Sin embargo, tal percepción ha cambiado de manera significativa en pocos años; de ahí que el presente estudio no sólo busque llenar el vacío sobre el análisis de ese derecho, sino constituirse en una contribución práctica ante un problema real que, ahora sí, está vigente en el imaginario colectivo.

Esta obra tiene como origen una primera aproximación al naciente debate que hicimos la doctora Karla Valenzuela y yo hace justamente cuatro años como parte de un proyecto del Consejo Nacional de Ciencia y Tecnología. La actual entrega, no obstante, contiene aspectos, estadísticas, preguntas y respuestas novedosos que explican por qué se trata de un nuevo volumen, el cual desde luego abreva del anterior. El texto fue concebido para el lector promedio como una guía orientativa acerca de las inquietudes y mitos que gravitan en torno de esta asignatura pendiente.

El quehacer del científico social reside en la realización de estudios en profundidad que no sólo formulen hipótesis e identifiquen problemas, sino que aporten propuestas de solución a la luz del conocimiento científico. El propósito es, desde nuestra perspectiva, generar el mayor número de argumentos y datos duros que permitan sustentar lo que se afirma o se sostiene.

El estado del arte sobre el tema –es decir, en amplio sentido, el universo de estudios académicos previos que han tratado el objeto de la presente investigación en México– es prácticamente inexistente. De ahí la oportunidad y pertinencia de escribir sobre el particular.

Estado de "pánico moral"

La revisión de los textos jurídicos que han abordado de manera directa o tangencial el derecho a la posesión y portación de armas de fuego, previsto en el artículo 10 de la Constitución Política de los Estados Unidos Mexicanos, arroja en buena medida argumentos interpretativos –con una dosis no menor de convicciones principistas de los autores– que se ponen de manifiesto al tratar el alcance y significado de lo previsto en ese artículo.

No obstante, las convicciones de referencia carecen, en el mayor número de los casos, de datos empíricos que abonen o acompañen las valoraciones esgrimidas. Antes bien, se puede observar un apreciable esfuerzo por subsumir el enunciado normativo constitucional a los deseos o valores morales del intérprete. Lo que se requiere, pues, son razones para sostener un argumento dotado de elementos y datos que brinden fuerza a una tesis.

Lo que sucede en el país –acaso se explica aunque no se justifica– es la construcción en el tiempo de un estado de "pánico moral". La expresión "pánico moral", acuñada por Stanley Cohen,[1] es definida inicialmente como "una condición, un evento, persona o grupo de personas que han sido designadas como una amenaza a los intereses y valores de una sociedad".

De manera más reciente, por "pánico moral" se entienden aquellos procesos a través de los cuales los miembros de una sociedad y de una cultura se vuelven moralmente sensibles a los desafíos y amenazas contra los valores y modos de vida que ellos han aceptado.[2] Esta misma tesis, que formuló John Stuart

[1] Cohen, Stanley, *Folk Devils and Moral Panics*, Londres, Mac Gibbon y Kee, 1972, p. 9.

[2] Cfr. O'Sullivan, T., *et al. Key Concepts in Communication*, Londres, Methuen, 1983.

Mill[3] con base en la perspectiva doctrinal, había sido adoptada y desarrollada desde la época en que se llevaron a cabo los estudios iniciales de opinión pública en la década de los ochenta, y se acompaña de lo que Noelle-Neumann ha denominado "la espiral del silencio".[4]

Esta última noción supone que el hecho de que alguien hable fuerte o se quede callado, por lo que respecta a la opinión pública, depende de la observación acerca de cuáles son las ideas sobre temas conflictivos que son bien recibidas y cuáles dan lugar al aislamiento, y, en especial, qué parte de éstas se halla cada vez más fuerte y cuál es la que pierde espacios.

En el fondo, según esta teoría, el temor al aislamiento es el motor principal que anima la conducta de las personas; de ahí su necesidad de vincularse a las ideas o tesis predominantes en una sociedad determinada para no quedar al margen de ella y evitar el estigma de la marginación, algo que nadie en su sano juicio desea.

Las percepciones y la opinión pública

Como eje básico de la formación de criterio, la sociedad se nutre en términos generales de los mensajes que recibe de los medios de comunicación; así lo revelan las más disímbolas encuestas relativas a la formación de lo que se conoce como opinión pública. Más aún, dichos mensajes juegan un papel fundamental en los procesos de formación de la opinión pública; noción ésta que no admite una definición unívoca de validez universal.

Para algunos expertos, se trata de "opiniones de interés nacional expresadas libre y públicamente por personas no pertenecientes al gobierno que reivindican el derecho a que sus opiniones influyan en o determinen las acciones, el personal o la estructura del gobierno";[5] para otros, es "la agregación de las

---

[3] Stuart Mill, John, *Sobre la libertad*, 1989, México, Alianza Editorial, pp. 59-62.

[4] Cfr. Noelle-Neumann, Elisabeth, *The Spiral of Silence-Our Social Skin*, Chicago, The University of Chicago Press,1984.

[5] Speir, Hans, "Historical Development of Public Opinion", en *American Journal of Sociology*, 55, número 4, 1950, pp. 376-388.

opiniones individuales realizadas por los analistas de opinión".[6]

A nuestro juicio, opinión pública puede entenderse de manera provisional como la opinión predominante en torno a los más diversos temas de interés colectivo. ¿Cuáles son las fuentes de producción de la opinión pública? ¿Cómo se forma esta última? Aquí es donde los medios intervienen no como un factor definitorio, sino definitivo. Baste tan sólo recordar que la mayor parte de la información de interés público que reciben los gobernados –a la que tienen acceso como resultado del derecho a la información en sentido amplio– proviene de los medios y no de fuentes directas. Los medios no son asépticos mensajeros entre las fuentes informativas y el público, sino, por el contrario, verdaderos instrumentos de mediación que pueden obstaculizar o ampliar el derecho del público a estar informado.

Sobre el particular, conviene exponer lo siguiente:

La teoría de la *agenda setting function*, o "función del establecimiento de la agenda pública" de McCombs,[7] complementa las formulaciones iniciales de Noelle-Neumann; sostiene que los medios escogen los temas sobre los que hablan o dan cobertura –también pueden obviar otros–, jerarquizan su importancia, el orden y la manera de difundirlos, y definen qué y a quiénes dan espacio para expresar argumentos a favor o en contra de lo que ha seleccionado previamente como de valor noticioso.

El de la posesión y portación de armas de fuego es un tema controversial en el país como consecuencia de percepciones y valoraciones nutridas por prejuicios, mitos y discursos cuyo común denominador es la ausencia de ingredientes extraídos de la realidad.

De acuerdo con el *Diccionario de la lengua española*, *mito* es una "persona o cosa a las que se atribuyen cualidades o excelencias que no tienen, o bien una realidad de la que carecen". El vocablo *prejuicio*, según la misma fuente, significa "opinión previa y tenaz, por lo general desfavorable, acerca de algo que se conoce mal".

---

[6] Beninger, James, "Toward an old new paradigm. The half century flirtation with mass society", en *Public Opinion Quarterly*, 51, 1987, pp. 46-66.

[7] McCombs, Maxwell E. y Donald L. Shaw, "The Agenda-Setting Function of Mass Media", en *Public Opinion Quarterly*, 36, 1972, pp. 176-187.

Lo cierto es que desde la Constitución Federal de 1857 en México se ha reconocido el derecho fundamental a la portación y posesión de armas como una prerrogativa de los gobernados: "Artículo 10. Todo hombre tiene derecho de poseer y portar armas para su seguridad y legítima defensa. La ley señalará cuáles son las prohibidas y la pena en que incurren los que las portaren".

En la Constitución vigente, de 1917, se reconoce de igual forma el derecho fundamental de las personas a la portación y posesión de armas de fuego bajo el siguiente enunciado: "Artículo 10. Los habitantes de los Estados Unidos Mexicanos tienen derecho a poseer armas en su domicilio, para su seguridad y legítima defensa, con excepción de las prohibidas por la Ley Federal y de las reservadas para el uso exclusivo del Ejército, Armada, Fuerza Aérea y Guardia Nacional. La ley federal determinará los casos, condiciones, requisitos y lugares en que se podrá autorizar a los habitantes la portación de armas".

Cabe aclarar que en el citado artículo el término *armas* no sólo se refiere a las de fuego, sino también a las blancas. Sin embargo, en este libro únicamente se estudian las primeras, por su importancia en el contexto contemporáneo y en virtud de la ausencia de masa crítica sobre la materia.

Para muchos mexicanos podría resultar desconocido el dato de que la posesión y la portación de armas de fuego forman parte de un derecho fundamental previsto en la Constitución vigente, en tanto que para otros pocos se trata de un tema indeseable. El silencio que por décadas ha rodeado a este derecho es el causante de que tal prerrogativa permanezca en una discreta existencia con validez jurídica, pero con una eficacia normativa apenas testimonial.

Ante tal realidad se impone un razonamiento: otro derecho, el de la libertad, supone la posibilidad de decir lo que algunos individuos, núcleos sociales o instituciones no quieren escuchar, sobre todo cuando, por la vía del análisis, se busca desmantelar consideraciones y prejuicios que se hallan enquistados en el grueso de la población sobre temas como el que aquí se trata.

Es importante subrayar que el autor del presente libro no es quien está proponiendo que el derecho referido sea considerado *fundamental* e, incluso, un derecho humano en el sentido amplio de la expresión. Existen distintos tratadistas y criterios jurisprudenciales que explican el significado de los derechos fundamentales.

Para Alexy, por ejemplo, "según su variante más simple, los derechos fundamentales son todos los derechos catalogados expresamente como tales por la propia Constitución".[8] Más todavía, la Suprema Corte de Justicia de los Estados Unidos ratificó en 2010 el derecho a poseer y portar armas como un derecho fundamental, e impone limitaciones a los estados y municipios para evitar que emitan regulaciones contrarias al espíritu de la Segunda Enmienda constitucional de ese país.[9]

En el caso mexicano, el derecho de posesión y portación de armas se encuentra no sólo en la parte dogmática de la Constitución; se ubica en aquella definida ya no como "garantías individuales" sino precisamente como "de los Derechos Humanos y sus Garantías",10 expresión que desde tiempo atrás la Suprema Corte de Justicia de la Nación había establecido mediante la interpretación histórico-progresiva del derecho.[11]

Posiblemente la ausencia de un estado de derecho mínimo durante el siglo XIX y principios del XX, así como la emergencia de un Estado con altas dosis de autoritarismo a mediados del siglo XX, expliquen por qué durante 156 años no se han producido mayores textos académicos, proyectos de investigación ni tesis doctorales sobre el derecho fundamental a la portación y posesión de armas de fuego en México.

A lo anterior se suma por supuesto lo que pareció una estrategia del Estado mexicano a partir de 1972 con la reforma a la ley de la materia para minimizar el ejercicio del citado de-

---

[8] Alexy, Robert, *Tres escritos sobre los derechos fundamentales y la teoría de los principios*, Bogotá, Universidad de Externado, p. 21.

[9] McDonald v. Chicago, 561 U.S., 130 S.Ct. 3020 (2010).

[10] Reforma publicada en el *Diario Oficial de la Federación* el 17 de agosto de 2011.

[11] Como afirmó Olga Sánchez Cordero cuando fue ministra de la SCJN, la interpretación histórico-progresiva "también implica que a un concepto definido con un lenguaje del pasado se le actualice y se haga extensivo su concepto sustancial a otros supuestos de hecho que antes no existían", en Sánchez Cordero, Olga, "La interpretación de los derechos fundamentales por la Suprema Corte de Justicia en México". Conferencia impartida en el IIJ UNAM el 1 de junio del 2007.

recho, toda vez que la enmienda lo dificulta y está afectada por vicios de inconstitucionalidad. Es probable que tal restricción haya sido consecuencia de los movimientos estudiantiles de 1968 y 1971, los cuales crearon un clima de inquietud en algunas áreas del gobierno mexicano.

Los mexicanos, inermes ante la violencia

Hoy en día el estado de derecho no ha podido potenciar su justificación de garante de la convivencia pacífica y armónica de los seres humanos en sociedad, una de sus funciones esenciales según el consenso existente en las más distintas teorías contractualistas del Estado. Tampoco ha logrado asegurar un razonable monopolio del uso de la fuerza, lo que distingue al Estado de naturaleza en Hobbes[12] del Estado contractualista racional de Kant[13] que ha llegado a nuestra época en su esencia, por citar sólo dos ejemplos clásicos.

La cultura del miedo en sectores cada vez más amplios de la comunidad está generando, por un lado, inquietud y desencanto ante el futuro y, por otro, tensión en lo que respecta a algunos de los valores y principios que habían sido aceptados socialmente por mucho tiempo.[14]

En este contexto la práctica reiterada del "pánico moral" y de la consiguiente "espiral de silencio", a las que ya nos hemos referido, pueden matizar sus alcances de cara a temas nuevos por nuevas circunstancias. En efecto, Perelman y Olbrechts-Tyteca sostienen que "las ideas admitidas con más frecuencia permanecen implícitas y sin formular durante mucho tiempo, pues en la mayoría de los casos sólo con motivo de un desacuerdo en cuanto a las consecuencias resultantes se plantea el problema de su formulación o de su determinación más precisa".[15]

---

[12] *Leviathan*, XI, p. 161 y ss.

[13] Kant, Emmanuel, *Principios metafísicos de la doctrina del derecho*, México, UNAM, 1978, p. 145.

[14] Fix Fierro, Héctor; Flores, Julia; López Ayllón, Sergio, y Valadés, Diego. Segunda Encuesta Nacional de Cultura Constitucional 2011, en *http://www.juridicas.unam.mx/invest/areas/opinion/doc/EncuestaConstitucion.pdf*

[15] Perelman, Ch, y Olbrechts-Tyteca, C., *Tratado de la argumentación*, Madrid,

El tema del derecho de posesión y portación de armas no se justifica unicamente por la compleja situación que vive el país, sino por el hecho de que fomenta la discusión más allá de los espacios de reflexión habituales en los foros académicos, con posibilidades de incorporarse en la agenda pública.

La frágil transparencia, la corrupción endémica y el desafortunado diseño institucional de los que adolece el país para lograr rendición de cuentas no sólo han ido causando desencuentros cada vez más duros entre gobernantes y gobernados sino que han puesto en riesgo la vida y el patrimonio de los mexicanos.

El derecho de acceso a la información pública y su expresión sintética, la transparencia, tiene tres características que son de suma importancia para esta investigación: la instrumental, la transversal y la integradora. La primera supone que, si bien la transparencia no tiene en términos llanos un fin en sí misma, posee la enorme utilidad de coadyuvar al ejercicio de otros derechos fundamentales; la segunda significa que ese derecho puede aplicarse a los más diferentes temas, áreas de conocimiento y división de las funciones del Estado, y la tercera característica entraña la posibilidad de adoptar criterios comunes para generar un espíritu de cuerpo cultural y desarrollar políticas públicas.

En esta investigación, la transparencia como derecho fundamental de naturaleza instrumental para el ejercicio de otros derechos puede generar incentivos tendientes a observar el cumplimiento de la ley, minimizar los casos de corrupción con una debida reforma al sistema de rendición de cuentas y crear tejidos no retóricos de socialización de la legítima defensa, derecho que en México también se encuentra bajo un predicamento en perjuicio de la mayoría de los habitantes del país.

Sobre el punto anterior, ya se llegó al absurdo de que los mexicanos empezaron a protegerse por sí mismos de las medidas que el Estado ha emprendido supuestamente para "protegerlos", o de que grupos y comunidades se encuentren inermes ante las "fuerzas del orden" y del crimen organiza-

Gredos, 1989, p. 769.

do, que no solamente poseen armas de fuego y el conocimiento para usarlas, sino la decisión de privar de la vida a las personas.[16]

En este sentido, hemos entrado a un callejón sin salida: la sociedad carece en la práctica del derecho de poseer y portar armas de fuego para su legítima defensa, y quienes sí las tienen y saben cómo usarlas no tienen, por una u otra razón, la posibilidad de defender a la comunidad. Por consiguiente, debe reconocerse con realismo la problemática que aborda el presente estudio como punto de partida para identificar soluciones a un estado de cosas que ya rebasó los umbrales de la tolerancia social.

Al respecto, baste decir que el diseño legal e institucional de las secretarías de seguridad pública y las procuradurías de justicia, o ahora su modificación a fiscalías generales de los estados (formalmente autónomas, pero sujetas en la práctica al gobernador local por la fuerza de la negociación con la partidocracia), no satisface las necesidades de seguridad colectiva, toda vez que en esas dependencias del Estado predominan las siguientes deficiencias: desconocimiento de la ley; ausencia de sinergias y de perfiles de puestos; inexistencia de intercambio de bases de datos; condiciones inadecuadas de trabajo para el personal operativo; órganos sancionadores sin independencia para emitir sus resoluciones, e inseguridad jurídica en materia laboral y de prestaciones sociales para las familias del personal, entre muchas otras debilidades de diseño institucional original que, al conjugarse, impiden que haya capacidad de respuesta para asegurar de manera razonable la seguridad humana.[17]

De acuerdo con la ONU, "la seguridad humana está centrada en la persona. Se preocupa por la forma en que la gente vive y respira en una sociedad, la libertad con que puede ejercer diversas opciones, el grado de acceso al mercado y a las oportunidades sociales, y la vida en conflicto o en paz".[18]

---

[16] Fix Fierro, Héctor, *et. al.*, *op. cit.*, nota 14.

[17] Cfr. Villanueva, Ernesto, *Seguridad, transparencia y derechos humanos*, México, IIJ UNAM, Jus, 2011.

[18] Organización de las Naciones Unidas, Programa de las Naciones Unidas para el Desarrollo, *Informe sobre Desarrollo Humano*, 1994, p. 26.

El propósito de esta obra

La problemática descrita aquí representa un motivo adicional para analizar con datos duros las consecuencias del derecho humano a la posesión y portación de armas de fuego en la experiencia comparada y su eventual expansión en México en los términos del artículo 10 constitucional mediante las reformas necesarias a la ley.

Estoy convencido de que este derecho fundamental no es de ningún modo un derecho absoluto, como tampoco lo son por regla general los demás derechos humanos. Sin duda debe comportar una serie de exigencias y de requisitos para su idóneo ejercicio, pero no sería admisible que alguien haga nugatorio el derecho en cuestión, como sucede hoy en día. Es más grave dejar las cosas como están que regular, con la Constitución en la mano, el ejercicio de un derecho fundamental minimizado por la fuerza del prejuicio, la costumbre y las conveniencias del poder público al margen del interés comunitario.

En efecto, la falta de educación, instrucción y responsabilidad en el manejo de las armas de fuego como medios para la legítima defensa de los gobernados –promovida paradójicamente por una ley reglamentaria restrictiva– genera violencia, accidentes, crimen y, en suma, alienta la violación de los derechos humanos, además de limitar la gobernabilidad democrática. Hay que actuar en consecuencia a la luz de las mejores prácticas y de la experiencia debidamente documentada acerca de los alcances y límites de un derecho como el que aquí se analiza.

Con el propósito de identificar los prejuicios y las realidades que rodean el tema, se optó por crear un hilo conductor dotado de preguntas y respuestas básicas para lograr no sólo un conocimiento conceptual, sino empírico, del estado de la cuestión. Para tal efecto, se registraron las dudas, inquietudes y preocupaciones más reiteradas sobre el derecho fundamental estudiado manifestadas en las fuentes públicas disponibles y se tradujeron en preguntas, de suerte que el lector tenga a su alcance un documento que combine el rigor académico de la investigación científica y la aplicación práctica, para facilitar más la difusión y la lectura.

De igual manera, tanto en las preguntas como en las respuestas se buscó utilizar un lenguaje accesible sin demérito del uso del idioma, de la aportación de datos duros y de una secuencia lógico-racional.

La idea fundamental de esta obra es proveer de información sistematizada y contrastada a los tomadores de decisiones, a los operadores jurídicos y a la sociedad, como una vía más para el ulterior fortalecimiento de la seguridad de los mexicanos y sus patrimonios, algo que hoy en día el Estado mexicano se muestra incapacitado para garantizar como es deseable.

Peor aún, la muy reciente decisión legislativa de incrementar las penas previstas a quienes porten armas de fuego sin el permiso respectivo podría parecer una buena decisión, siempre que se acompañara de otra decisión racional que flexibilizara la obtención de los permisos de portación de referencia. De no ser así, lo que se va a generar en los hechos es un aumento de la corrupción y de la extorsión, habida cuenta que de un delito no grave, es decir, aquel por el cual el infractor de la norma puede salir libre bajo fianza, se crea un delito grave inadmisible.

Agradezco la valiosa colaboración de Viridiana Maldonado González y de Emmanuel Santiago López en la labor de verificación de las estadísticas del presente trabajo.

Ciudad Universitaria, Ciudad de México, mayo de 2017

Ernesto Villanueva

DEBATIR... O NO DEBATIR

1.- ¿Por qué es necesario un debate sobre la portación de armas de fuego en México?

Por siete razones básicas:

a) Porque es un derecho fundamental previsto en el artículo 10 de nuestra Constitución;
b) porque nuestro país atraviesa por una gran crisis de inseguridad y desconfianza en las instituciones públicas (los índices de victimización, violencia y criminalidad son alarmantes, así como las opiniones que los ciudadanos tienen respecto a la policía);[1]
c) porque son pocas las personas armadas que realmente cuentan con las licencias correspondientes (en buena medida, quienes portan arma o son criminales o individuos que adquieren y portan armas de fuego de manera ilegal);[2]
d) porque hay una marcada insuficiencia e incapacidad de las instituciones encargadas de proporcionar justicia y seguridad pública;[3]
e) porque además de la inseguridad interna, nuestro país atraviesa por un problema transfronterizo de tráfico de armas de fuego;

---

1 Fix Fierro, Héctor *et. al.*, *op.cit*, nota 14.

2 Calderón pide al Congreso de Estados Unidos frenar el tráfico de armas, CNN, México, 20 de mayo de 2010, en ***http://mexico.cnn.com/nacional/2010/05/20/*** *calderon-pide-al-congreso-de-estados-unidos-frenar-el-trafico-de-armas*

3 Villanueva, Ernesto, *op. cit.*, nota 17.

f) porque la ley reglamentaria del artículo 10 constitucional deja en estado de indefensión a la población para su legítima defensa por la complejidad y discrecionalidad de los requisitos que se exigen para la posesión y portación de armas de fuego, y

g) porque el tema ha sido silenciado y dejado fuera de la agenda de la discusión por prejuicios y mitos sin sustento en la realidad, como se expone en la introducción de esta obra.

2.- ¿Cuáles son las principales afectaciones derivadas de la falta de discusión sobre el tema de las armas de fuego en posesión de particulares en nuestro país?

Indiscutiblemente, en México no se ha logrado establecer un debate formal e informado respecto al uso de las armas de fuego en defensa legítima. El tema de las armas se circunscribe a su tráfico y a su uso en la comisión de delitos, pero no se les contempla como una herramienta que puede coadyuvar a una disminución del índice delictivo, y su posesión constituye incluso un derecho humano. La ausencia de debate sobre la legítima defensa y las armas de fuego provoca lo siguiente: la falta de producción académica y estadística suficiente para diagnosticar el problema en sus debidas proporciones, así como de políticas públicas de educación sobre el uso de armas de fuego para la protección personal y de domicilio; la perpetuación de los prejuicios en contra de personas que deciden ejercitar su derecho a poseerlas y portarlas; la imposición del sentido común sobre los argumentos fundados teórica y empíricamente.

3.- ¿Qué es un arma de fuego?

La legislación mexicana –Ley Federal de Armas de Fuego y Explosivos (LFAFE) y su reglamento– no establece una definición. En esta pieza jurídica se encuentra el conjunto de armas existentes y su clasificación, dependiendo de las personas que pueden poseerlas o portarlas, así como el tipo de calibre.

De acuerdo con el *Diccionario de la Lengua Española*, arma es definida como "instrumento, medio o máquina destinados a atacar o a defenderse". Existen otras definiciones para este término, pero la que es relevante para propósitos de esta obra es la que define arma de fuego como "aquella arma en la que el disparo se produce empleando pólvora u otro explosivo". Si bien tal definición proporciona un primer acercamiento a este tipo de armas, de acuerdo a la ley de referencia no es suficiente para abarcar todo el espectro de lo que es considerado arma de fuego para México.

El artículo 9 de la (LFAFE) señala las armas que los civiles pueden portar o poseer; el artículo 10 define las que serán autorizadas a los deportistas de tiro o cacería, el artículo 11 las de uso exclusivo del Ejército, Armada y Fuerza Aérea, y el artículo 12 indica cuáles son las prohibidas.

Todas las armas descritas en los artículos señalados anteriormente tienen la característica en común de que en el disparo se emplea pólvora u otro explosivo. El problema se localiza en el artículo 13: "No se considerarán como armas prohibidas los utensilios, herramientas o instrumentos para labores de campo o de cualquier oficio, arte, profesión o deporte que tengan aplicación conocida como tales, pero su uso se limitará al local o sitio en que se trabaje o practique el deporte. Cuando esos instrumentos sean portados por necesidades de trabajo o para el ejercicio de un deporte, se deberá demostrar, en su caso, esas circunstancias".

Que este artículo figure en la citada ley junto con su correspondiente sanción permite inferir que estos instrumentos de trabajo son también considerados armas de fuego; pero no es así, puesto que las armas de fuego tienen una naturaleza diferente a la de cualquier utensilio de trabajo, y el hecho de que esta ley los regule no significa que lo sean. Como primera conclusión se puede decir que la (LFAFE) no sólo regula lo referente a las armas de fuego, sino también las herramientas de trabajo cuya portación y posesión se permiten únicamente en los lugares de trabajo.

Como segunda y última conclusión cabe apuntar que el arma de fuego es "aquél instrumento, medio, máquina u objeto que, empleando algún tipo de explosivo, tiene tres fines: uno de sobrevivencia, otro deportivo y el último cultural". Con respecto a su fin, se pueden identificar los siguientes: el de protección, el deportivo –relativo al tiro y la cacería– y el cultural –dentro del que se pueden encontrar las colecciones de armas o cualquier sentimiento estimativo que una al sujeto con el arma, como el recuerdo de algún familiar.

EL DERECHO A PORTAR ARMAS DE FUEGO

4.- ¿De dónde surge el derecho a la portación de armas de fuego?

Este derecho ha sido discutido desde la antigüedad. Aristóteles pensaba que únicamente aquellos que empuñaran las armas podían ser considerados ciudadanos, además de que "la tiranía también desconfía de las masas y les arranca el derecho de llevar armas".[1] Por su parte, Platón creía que para la monarquía era conveniente el desarme de sus gobernados, puesto que así podría conservar sus privilegios.[2] Cicerón era partidario del uso de las armas para la legítima defensa de los individuos y en contra de gobiernos tiránicos.[3]

En Inglaterra todos los ciudadanos estaban obligados a comprar armas, pero esta obligación se fue restringiendo hasta culminar con la promulgación de la Ley de la Milicia de 1662, que regulaba el desarme de los ciudadanos. Cuando la actividad militar de la Gran Bretaña comenzó a expandirse en sus colonias, los habitantes de Massachusetts decidieron armarse para hacer frente a la fuerza de los colonizadores.[4]

---

[1] Aristóteles, *La Política*, México, Editores Mexicanos Unidos,1998, p. 154.

[2] Cfr. Platón, *Diálogos. Obra completa en nueve volúmenes*, Madrid, Editorial Gredos, 2003, vol. IV, p. 364.

[3] Cfr. Cicerón, M. Tulio, *De Officiis*, trad. de Walter Miller, Cambridge, Harvard University Press, 1913, p.78.

[4] Committee on the Judiciary, United States Senate, *The right to keep and bear arms*, Washington, U.S. Government Printing Office, 1982.

Posteriormente, en 1789 se redactó la Segunda Enmienda de la Constitución norteamericana, la cual indica: "Siendo necesaria una milicia bien ordenada, para la seguridad de un Estado Libre, no se violará el derecho del pueblo a poseer y portar armas".[5] La polémica alrededor de este texto radica en la imprecisión de los constituyentes para definir "pueblo". Mientras que algunos estudiosos opinan que se refiere al cuerpo colectivo representado por la milicia, otros consideran que la enmienda hace alusión a cada individuo en lo particular.

A pesar de esta controversia, existen diversos fallos en los que la Suprema Corte de Justicia de Estados Unidos ha confirmado el derecho de los ciudadanos a poseer y portar armas de fuego. En el caso *Distrito de Columbia vs. Heller*, dicho órgano jurisdiccional resolvió que la Segunda Enmienda protege el derecho individual de poseer armas de fuego dentro del domicilio para propósitos lícitos, como lo es el de la legítima defensa.[6]

5.- ¿La posesión de armas de fuego es un derecho en México?

Sí. La Constitución nos otorga el derecho de poseer armas de fuego en nuestro domicilio para nuestra seguridad y legítima defensa.

Su artículo 10 señala:

> Los habitantes de los Estados Unidos Mexicanos tienen derecho a poseer armas en su domicilio, para su seguridad y legítima defensa, con excepción de las prohibidas por la ley y de las reservadas para el uso exclusivo del Ejército, Armada, Fuerza Aérea y Guardia Nacional. La ley federal determinará los casos, condiciones, requisitos y lugares en que se podrá autorizar a los habitantes la portación de armas.[7]

Otras leyes relativas al derecho de poseer armas son la Ley Federal de Armas de Fuego y Explosivos (LFAFE), así como su reglamento.

---

[5] Barton, David, *The Second Amendment. Preserving the inalienable right of individual self-protection*, Texas, Wallbuilder Press, 2010, p. 5 y ss.

[6] Corte Suprema de los Estados Unidos, *District of Columbia v. Heller* (no.07-290), 2008.

[7] Reforma publicada el 22 de octubre de 1971.

6.- ¿Cómo surge el derecho de la posesión de armas de fuego en nuestro país?

La Segunda Enmienda de la Constitución norteamericana es el antecedente histórico del artículo 10 de nuestra Constitución. A nivel nacional encontramos el bando de 1811 que prohibía a los civiles el uso de armas, incluidas las de fuego. Dicha prohibición tenía como propósito desarmar a los insurgentes y restaurar la estabilidad nacional afectada por la guerra de independencia. Su falta de cumplimiento era castigada con la pena de muerte.[8] En 1812 y 1814 la Constitución Política de la Monarquía Española y el Decreto Constitucional para la Libertad de la América Mexicana prohibía presentarse con armas en la Junta Parroquial, pero no limitaba la posesión o portación en otros sitios, como los domicilios particulares.[9] En 1822 el Reglamento Provisional Político del Imperio Mexicano hacía referencia a la portación de armas prohibidas y en el bando de 1824 se retomó el criterio de que las personas no podrían portar ningún tipo de armas.[10]

El bando de 1830 estableció que toda persona en posesión ilegal de un arma debía entregarla al gobierno y prohibió asimismo el empeño y la compra de éstas. Los bandos expedidos en 1831 y en 1835 dejaron sin efecto las licencias de armas concedidas debido al mal uso que se les daba, y dispusieron que éstas sólo podían ser portadas por ciudadanos pacíficos que únicamente las utilizaran responsablemente y en caso de defensa propia. Las licencias tenían que ser expedidas exclusivamente "a personas conocidas y de notoria honradez". Además, se impusieron requisitos más rigurosos para la expedición de licencia de portación.[11]

---

[8] Ruiz Sánchez, Miguel Ángel, *La constitucionalidad de la portación de arma de fuego y la justificación legal de los ofendículos en México*, México, Flores Editor y Distribuidor, 2008, p.11 y ss.

[9] Cfr. Instituto de Investigaciones Jurídicas, UNAM, "Antecedentes constitucionales e históricos del artículo 10 constitucional", en *Derechos del pueblo mexicano. México a través de sus constituciones*, 2ª ed., México, Cámara de Diputados-Instituto Federal Electoral-Poder Judicial de la Federación-Porrúa-UNAM, Instituto de Investigaciones Jurídicas, 2006, t. XVI.

[10] *Idem.*

[11] *Idem.*

Tanto el Proyecto de Constitución Política de la República Mexicana de 1856,[12] como la Constitución de los Estados Unidos Mexicanos de 1857 indican: "Todo hombre tiene derecho de poseer y portar armas para su seguridad y legítima defensa. La ley señalará cuáles son las prohibidas y la pena en que incurren los que las portaren".[13]

En 1857 se emitió otro bando que implantó la licencia de armas de fuego como requisito para portarlas legalmente. En febrero de 1861 la Secretaría de Guerra expidió una circular en la que reafirmó la garantía de todos los ciudadanos de poseer y portar armas de fuego; además expresó que debido a que por ningún motivo se podía desarmar a los "ciudadanos pacíficos y entregados a ocupación legal", sólo se prohibirían las armas exclusivas del Ejército. En diciembre del mismo año se ordenó a todas las personas que entregaran las armas que pudieran ser de utilidad al Ejército.[14]

En 1893 se expidió un reglamento que reconoció el derecho de portación y posesión, y que regulaba la expedición de licencias de portación, siempre que las armas se portaran en un lugar visible. En su artículo 6 esa normativa indicaba que las armas prohibidas eran "las envenenadas, las que arrojan proyectiles corrosivos o explosivos o sin producir detonación... todo instrumento punzante, cortante o contundente".[15]

El contenido del artículo 10 de la Constitución de 1857 fue modificado en la de 1917, y quedó de la siguiente manera: "Los habitantes de los Estados Unidos Mexicanos tienen libertad de poseer armas de cualquier clase, para su seguridad y legítima defensa, hecha excepción de las prohibidas expresamente por la ley y de las que la nación reserve para el uso exclusivo del Ejército, Armada y Guardia Nacional; pero no podrán portarlas en las poblaciones sin sujetarse a los reglamentos de policía".[16]

---

[12] *Idem.*

[13] Artículo 10 de la Constitución Política de los Estados Unidos Mexicanos, 12 de febrero de 1857.

[14] *Idem.*

[15] *Ibidem*, p.429.

[16] Artículo 10 de la Constitución Política de los Estados Unidos Mexicanos, *op.cit.*, nota 28.

Finalmente, la iniciativa de decreto de reforma de 1967 y el decreto publicado en el *Diario Oficial de la Federación* el 22 de octubre de 1971 dieron al artículo 10 su redacción actual. La iniciativa estipuló que, debido a las condiciones del país durante el siglo XVIII y principios del XIX, las autoridades no estaban en condiciones de garantizar la seguridad de los habitantes, motivo por el cual habían determinado que éstos pudieran portar y poseer armas de fuego. En el mismo documento se aclaró también que el valor tutelado era el de la seguridad personal y que la portación de armas era uno de los muchos medios que podían implementarse para resguardarla. De acuerdo con esta iniciativa de reforma, la portación de armas de fuego quedaba subordinada a la paz y tranquilidad de todos los habitantes y, por consiguiente, sólo podía permitirse en aquellos casos y lugares en los que las autoridades no pudieran otorgar alos ciudadanos la protección adecuada.[17]

La última reforma al artículo 10 constitucional constriñe la posesión de armas de fuego al domicilio y limita el tipo de armas que podrán poseerse; prohíbe asimismo la posesión de las que son de uso exclusivo de la Fuerza Aérea y estipula que todos los habitantes deben atender a la legislación federal en la materia, en lugar de los reglamentos de autoridades administrativas. Por lo anterior, en enero de 1972 se publicó la LFAFE y en mayo del mismo año su Reglamento.

7.- ¿Cuáles fueron las motivaciones del legislador para incluir este tipo de preceptos en nuestra Constitución?

Por razones de cercanía geográfica y modelo de integración del Estado, el país ha recibido históricamente una influencia significativa del constitucionalismo norteamericano. De esta suerte, la Segunda Enmienda de la Constitución estadunidense, aprobada en 1789, fue importada a nuestra Constitución desde 1857, y así se ha mantenido, con algunas reformas, en el texto vigente de 1917. La misma circunstancia se advierte en el diseño federal estadunidense que adoptó el Estado mexicano desde el siglo XIX, pese a la imposibilidad material que se observó entonces, y aún

---

[17] Instituto de Investigaciones Jurídicas, UNAM, *Portación de armas de fuego*, *www.bibliojuridica.org/libros/6/2687/4.pdf*

a principios del XX, de aterrizar el centralismo en los hechos, un problema que todavía se advierte en muchos diseños institucionales, hábitos culturales y prácticas sociales de México.

Por otra parte, las razones internas que el legislador tomó en cuenta tienen relación con los discursos de finales de los sesenta y principios de los setenta del siglo XX, en los que se hablaba sobre la no proliferación de armas nucleares y las condiciones internacionales de inestabilidad, con énfasis en la posición pacifista del país. Otro tema con frecuencia debatido en esa época fue el relativo a la seguridad de la nación y a la inseguridad en el campo debido a los enfrentamientos armados entre latifundistas y paracaidistas. Es de hacer notar que estos dos últimos argumentos no se refieren explícitamente al derecho de posesión y portación de armas de fuego, aunque su construcción teórica hace un esfuerzo por limitar el ejercicio personal de este derecho humano.

Mediante la aprobación de la LFAFE se buscaba garantizar la paz y la seguridad de las personas, tanto en el aspecto físico como en sus bienes.[18]

8.- ¿Cuál es la diferencia entre portación y posesión de armas de fuego?

La portación de un arma de fuego implica que una persona, por ejemplo, la cargue consigo o la transporte en un vehículo, pero teniéndola siempre al alcance imediato. La posesión se refiere a la tenencia del arma, independientemente de que se lleve consigo físicamente o no. Al contrario de la portación, la posesión es continua, pues aun cuando la persona y el arma se encuentren en distintos lugares, aquella la sigue poseyendo en todo momento.[19]

De acuerdo con el artículo 10 constitucional, la posesión de un arma de fuego para la legítima defensa se limita al domicilio de su poseedor. Una vez que el arma es extraída de dicho domicilio, se considera portación.

[18] Cfr. Cámara de Diputados, *Diario de los debates, http://cronica.diputados.gob.mx/DDebates/index.html*

[19] Ruiz Sánchez, Miguel Ángel, *op.cit.*, nota 29, p.36.

9.- ¿Cuáles son los motivos por los que una persona podría tener interés en poseer un arma de fuego?

Los motivos pueden ser cinegéticos, deportivos, históricos, estimativos o de coleccionismo, de seguridad o legítima defensa, etcétera.

Contra lo que generalmente se cree, las razones por las que una persona toma la decisión de poseer un arma de fuego son totalmente ajenas a la pretensión de usarla para fines violentos o delictivos. De hecho, menos del 1% de pistolas es utilizado en la comisión de delitos.[20] Por tal motivo, debe evitarse asociar la posesión de un arma de fuego con acciones nocivas para la sociedad, ya que la tenencia de cualquier arma es independiente del uso que su poseedor le dé, y es en función de ese uso si eventualmente se amerita una acción punible o no punible.

Como ejemplo de la idea anterior, Dennis Baker plantea la imposibilidad de prohibir la posesión y uso de autos basándonos en los índices de mortalidad por accidentes automovilísticos ocasionados por conductores en estado de ebriedad.[21] Si bien es cierto que manejar bajo los efectos del alcohol exige una sanción, también lo es que poseer y conducir un auto es independiente del hecho de hacerlo en estado de ebriedad, por lo cual su posesión y uso no deben ser punibles. Lo mismo podríamos argumentar respecto del consumo de algunas drogas: éstas pueden tener efectos curativos o causar adicciones. La idea fundamental es que *no* podemos restringir la posesión y portación de armas de fuego por la única razón de que existe una posibilidad de que sean usadas para delinquir.

10.- Si las leyes de posesión y portación de armas son menos estrictas, ¿qué pasaría entonces con el monopolio del uso de la fuerza que corresponde al Estado?

Se trata de conceptos distintos. La posesión y portación de armas de fuego deben tener como principal propósito la legítima defen-

---

[20] Kleck, Gary y Kates, Don B, *Armed: New Perspectives on Gun Control*, New York, Prometheus Books, 2001, p. 32.

[21] Baker, Dennis J., "Collective Criminalization and the Constitutional Right to Endanger Others", en *Criminal Justice Ethics*, vol. 28, núm. 2, octubre de 2009, p.183 y ss.

sa de la integridad física y del patrimonio de las personas, además, por supuesto, de otros fines legales, como los cinegéticos o deportivos, o la tenencia por el valor histórico de la pieza.

El monopolio del uso de la fuerza del Estado parte del supuesto de que la autoridad competente es la única facultada para hacer cumplir la ley y garantizar la convivencia de las personas en sociedad. De esta forma, no existe contradicción entre estos dos principios, sino complementariedad. Veamos por qué:

La posesión, y particularmente la portación de armas de fuego, permiten que la persona esté en condiciones de responder frente a la amenaza real, inminente, y que no admita demora, para preservar sus bienes más preciados, como la vida y el patrimonio. Se trata de la excepción a la regla. Hay que recordar que nada es absoluto, menos cuando la vida humana corre riesgos. El monopolio del uso de la fuerza del Estado debe permanecer para que la existencia de las personas en sociedad sea posible en los términos previstos en la Constitución y en la ley.

RELACIÓN ENTRE ARMAS DE FUEGO Y LEGÍTIMA DEFENSA

11.- ¿Qué se considera legítima defensa?

El Capítulo IV del Código Penal Federal sobre las "Causas de exclusión de delito" define la legítima defensa en el Artículo 15 segundo párrafo de la fracción IV:

> Se presumirá como defensa legítima, salvo prueba en contrario, el hecho de causar daño a quien por cualquier medio trate de penetrar, sin derecho, al hogar del agente, al de su familia, a sus dependencias, o a los de cualquier persona que tenga la obligación de defender, al sitio donde se encuentren bienes propios o ajenos respecto de los que exista la misma obligación; o bien, lo encuentre en alguno de aquellos lugares en circunstancias tales que revelen la probabilidad de una agresión.[1]

La *Enciclopedia Jurídica Mexicana* la define como "el rechazo de una agresión... con fundamento en la preservación del orden jurídico". Por tal motivo, quien se defiende legítimamente no comete un delito. Sin embargo, el uso de la fuerza para la legítima defensa debe ser proporcional a lo que se trata de defender.[2]

---

[1] Artículo 15 del *Código Penal Federal* publicado en el *Diario Oficial de la Federación* (DOF) el 14 de agosto de 1931.

[2] Instituto de Investigaciones Jurídicas/UNAM, *Enciclopedia Jurídica Mexicana*, México, Porrúa/UNAM/Instituto de Investigaciones Jurídicas, 2002, p.61.

Por su parte, Leonardo Frank señala que la legítima defensa comienza cuando se hace manifiesta la intención de agredir y añade que "quien se defiende legítimamente no actúa antijurídicamente". Plantea los requisitos para la legítima defensa: agresión ilegítima, necesidad racional del miedo empleado para impedir o repelerla, y la falta de provocación suficiente, es decir, que la víctima no haya provocado a la persona que cometió la agresión.[3]

12.- ¿Cuáles son las características de las personas que poseen armas de fuego para legítima defensa?

Las personas que portan armas de fuego han sido estereotipadas negativamente. Los medios de comunicación las representan como poco educadas, con baja moral, criminales en potencia, etc. Sin embargo, un estudio realizado por el Instituto Nacional de Justicia de Estados Unidos revela que estadísticamente es más probable que los portadores sean personas de edad media y con un estrato social de medio a alto. Además, dichas personas no son ni más racistas, ni más sexistas, ni más violentas que aquellas que no poseen armas de fuego. De hecho, los individuos que las tienen son más propensos a justificar el uso de la fuerza para su legítima defensa y la defensa de otras personas.[4]

13.- ¿El simple hecho de tener un arma de fuego en el domicilio hace sentir más segura a la persona?

Sí. La posesión de armas de fuego confiere al individuo, de entrada, una seguridad psicológica ante la eventual intrusión para dañar su integridad física o su patrimonio. Si bien es cierto que pueden ser utilizadas para dañar injustamente a otros individuos, también lo es que sirven como medio de protección.[5]

---

[3] Frank, Jorge Leonardo, *Legítima defensa con armas de fuego. Situaciones, aspectos jurídicos y atenuantes*, Argentina, *ad hoc*, 1993, p. 36 y ss.

[4] Kleck, Gary y Kates, Don B., *op. cit.*, nota 41, p. 18.

[5] Hoskin, Anthony W., "Armed Americans: The impact of firearms availability on nacional homicide rates", *Justice Quarterly*, vol 18, núm. 3, septiembre de 2001, p. 57.

Hoskin y Berkowitz argumentan que el efecto visual de un arma de fuego en una escena del crimen es el de intimidación y estímulo de agresión, debido a que comúnmente asociamos el arma con comportamientos agresivos. Por lo tanto, el hecho de que las personas porten armas provocaría constantes emociones negativas tanto a sus poseedores como a aquellos que estuvieran alrededor de éstos. La interpretación es muy discutible, puesto que algunos investigadores argumentan que quienes experimentan estímulos de agresión en presencia de un arma de fuego son sólo aquellos que asocian las armas con las consecuencias positivas de un comportamiento agresivo. Por el contrario, quienes asocian las armas con un sentido negativo se sienten inhibidas en presencia de las mismas.[6]

El profesor Hans Toch, de la Escuela de Criminología de la Universidad del Estado de Nueva York, ha pasado de tener una opinión negativa respecto a la libertad de portación de armas a estar a favor de un criterio menos restrictivo, pues argumenta que cuando se utilizan como medio de protección personal pueden actuar como inhibidoras de la agresión y tener un efecto psicológico en contra del miedo al delito.[7] De acuerdo con una encuesta realizada en Estados Unidos en 1990, el 89% de las personas que poseen un arma de fuego en su domicilio por razones de legítima defensa sienten mayor seguridad por el simple hecho de poseerla.[8]

14.- ¿Es verdad que los criminales se sienten amenazados al ver que sus víctimas portan armas de fuego?

Sí. Los investigadores Wright y Rossi realizaron un estudio sobre la correlación entre la posesión de armas y la disuasión en la comisión de delitos. Para dicho estudio, se llevó a cabo una encuesta entre delincuentes que purgan sentencia, a quienes se les preguntó si la sospecha de que sus posibles víctimas podrían estar armadas tuvo alguna influencia en la decisión de cometer el crimen. Los resultados fueron los siguientes:

---

[6] *Idem.*

[7] Kleck, Gary y Kates, Don B., *op.cit.*, nota 41, p.13.

[8] *Ibidem*, p. 313.

–El 56% de los encuestados respondió que "un criminal no va a meterse con una víctima si sabe que ésta tiene una pistola".

–El 81% estuvo de acuerdo en que "un criminal listo siempre trata de descubrir si su víctima se encuentra armada".

–El 58% piensa que "el dueño de una tienda que se sabe tiene una pistola no va a sufrir robos muy seguido".[9]

En 1993, después de que un grupo de jóvenes armados asesinó a un turista alemán en Florida, se les preguntó a varios delincuentes por qué eligieron a turistas como sus víctimas, a lo que respondieron: porque era poco probable que tuvieran pistolas. De la misma forma, Barbara Long hace referencia a entrevistas llevadas a cabo en correccionales, donde el 56% de los participantes expresaron que no atacarían a una persona si supieran que porta un arma.[10]

Por su parte, John Lott realizó una encuesta nacional en la que demostró que en el 95% de los casos en que una persona utilizó una pistola de manera defensiva, únicamente tuvo que hacer visible el arma para que el delincuente desistiera del ataque.[11] Además de que puede evitar una agresión, portar un arma y enseñarla al agresor no necesariamente termina en un enfrentamiento físico.

Cook y Kleck coinciden en que el aspecto anterior inhibe crímenes violentos, toda vez que un criminal puede abstenerse de la comisión de un delito que implique contacto directo con la víctima si sospecha que puede oponer resistencia mediante un arma de fuego, debido a que corre mayor riesgo de ser lesionado. Por ejemplo, los criminales saben que es más probable que las personas que se encuentran en su domicilio, así como aquellas que laboran en establecimientos donde se permite a sus propietarios la posesión de armas, estén en posesión de una, lo que puede hacerlos desistir de su propósito.[12]

---

[9] Green, Gary, S., "Citizen Gun Ownership and Criminal Deterrence: Theory, Research and Policy", *Criminology*, vol. 25, núm. 1, febrero de 1987, p.70.

[10] Long, Barbara, *Gun Control and Right to Bear Arms*, Nueva Jersey, Enslow Publishers, 2002, colección Hot Pro/Con Issues, p. 46 y ss.

[11] Lott, John R. *More Guns Less Crime. Understanding Crime and Gun Control Laws*, 3ª. ed., Chicago y Londres, The University of Chicago Press, 2010, p. 101.

[12] Hoskin, Anthony W., *op. cit.*, nota 47, p. 573.

15.- ¿Con qué frecuencia se utilizan las armas de fuego como instrumento de legítima defensa?

Existen discrepancias respecto a estas cifras en Estados Unidos: mientras que algunas encuestas calculan entre 700 mil y 1 millón de casos de uso de arma de fuego para la legítima defensa,[13] otros estudios concluyen que el dato más verosímil es de 2.55 millones de casos anualmente.[14]

16.- ¿Qué tan efectivo es el uso de las armas de fuego para la legítima defensa?

Los diversos estudios concuerdan en que el uso de armas de fuego en defensa legítima es eficaz, ya que cuando una persona se encuentra en posesión de un arma, las posibilidades de un ataque son menores. Además, varias investigaciones señalan que las víctimas de algún delito que no opusieron resistencia fueron lesionadas con el doble de intensidad que las que se resistieron mediante un arma de fuego.[15]

De acuerdo con la Encuesta Nacional sobre Victimización del Crimen (National Crime Victimization Survey, NCVS por sus siglas en inglés), sólo el 3.6% de las víctimas de un intento de robo a casa habitación fueron lesionadas con posterioridad al uso de arma de fuego para su legítima defensa. Además, en el 20.8% de los casos de asalto, agresiones o robo a casa habitación en los que las víctimas sufrieron lesiones, éstas ocurrieron con anterioridad a que la víctima pudiera usar un arma de fuego. Según la misma NCVS, menos del 0.2% de los encuestados reportaron haber sido desposeídos de sus armas por los delincuentes,[16] así que es poco probable que una víctima de la delincuencia sea lesionada con su propia arma de fuego.

La Encuesta Nacional del Crimen en Estados Unidos indica que el uso de armas de fuego como legítima defensa sí dis-

[13] Reiss, Albert J. y Roth, Jeffrey A, "Understanding and preventing violence", en Neesbet, Lee (ed.), *The gun control debate. You decide*, Nueva York, Prometheus Books, 2001, p.199.

[14] Kleck, Gary y Kates, Don B., *op. cit.*, nota 41, p. 271.

[15] Lott, John R., *op. cit.*, nota 53, p. 118.

[16] Kleck, Gary y Kates, Don B., *op. cit.*, nota 41, p. 231 y ss.

minuye los casos en que las personas sufren alguna lesión al ser atacadas. Las estadísticas demuestran que sólo el 17% de las que utilizaron armas de fuego al ser asaltadas reportaron haber sido lesionadas; en el caso de agresiones físicas, únicamente el 12% de quienes utilizaron armas de fuego resultaron heridas.[17]

En México, por ejemplo, si el activista y exsecretario de Seguridad Pública Municipal de Tijuana y exsecretario de Seguridad Pública del estado de Morelos Alberto Capella no hubiera tenido un arma de fuego en su domicilio cuando fue atacado por un grupo de sicarios que se vio sorprendido por este hecho, seguramente habría muerto.[18] Por el contrario, el homicidio de la activista de Ciudad Juárez, Chihuahua, Marisela Escobedo, que fue grabado por una cámara de seguridad, revela cómo fue asesinada tras ser perseguida por un sicario. El resultado habría sido distinto si la víctima hubiera contado con un arma para repeler el ataque del agresor.[19]

17.- ¿Cuál es la ventaja de usar un arma de fuego en vez de un arma blanca en caso de legítima defensa?

La probabilidad de que una víctima sea lesionada es mucho menor si se defiende con un arma de fuego en lugar de un arma blanca, pues cuando el agresor descubre que su víctima porta un arma de fuego, tiende a mostrar una actitud de sumisión más que de resistencia, y las probabilidades de que la amenaza se convierta en ataque son menores. Además, las probabilidades de requerir atención médica son las mismas si alguien es atacado por arma de fuego o por arma blanca.[20] Por otro lado, en la hipótesis de que el agresor utilice un arma blanca, éste se verá obviamente en desventaja si su víctima trae consigo un arma de fuego.

---

[17] Reiss, Albert J. y Roth, Jeffrey A, *op. cit*, nota 55, p.199.

[18] Martínez, Julieta, "Libra ataque titular de Consejo de Seguridad", *El Universal*,28 de noviembre de 2007, *http://www.eluniversal.com.mx/estados/66815.html*

[19] "Una cámara de seguridad grabó el asesinato a sangre fría de Marisela Escobedo", *El Mundo Es*,19 de diciembre de 2010, *http://www.elmundo.es/america/2010/12/19/mexico/1292762803.html*

[20] *Ibidem*, p.197.

18.- ¿La portación y uso de armas de fuego en legítima defensa es hacerse justicia por uno mismo?

Por supuesto que no. En nuestra Constitución la posesión y uso de armas está prevista como un derecho fundamental en el artículo 10, como lo está asimismo la prohibición de hacerse justicia por propia mano, (artículo 17 constitucional), como una garantía. Para Ferrajoli, los derechos fundamentales son

> todos aquellos derechos subjetivos que corresponden universalmente a todos los seres humanos en cuanto dotados del status de personas o ciudadanos, con capacidad de obrar; entendiendo por derecho subjetivo cualquier expectativa positiva (de prestación) o negativa (de no sufrir lesiones) adscrita a un sujeto por una norma jurídica; y por status la condición de un sujeto, prevista asi mismo por una norma jurídica positiva como presupuesto de su idoneidad para ser titular de situaciones y/o autor de los actos que son ejercicio de éstas.[21]

El artículo 17 establece en sus dos primeros párrafos:

> Ninguna persona podrá hacerse justicia por sí misma, ni ejercer violencia para reclamar su derecho. Toda persona tiene derecho a que se le administre justicia por tribunales que estarán expeditos para impartirla en los plazos y términos que fijen las leyes, emitiendo sus resoluciones de manera pronta, completa e imparcial. Su servicio será gratuito, quedando, en consecuencia, prohibidas las costas judiciales.

De entrada, la Constitución debe ser interpretada de forma sistemática, armonizadora, en conjunto, de tal suerte que no puede ir contra sí misma estableciendo dos lineamientos opuestos entre sí. En cada caso concreto, debe efectuarse un análisis de ponderación para decidir qué principio debe prevalecer en particular atendiendo al desarrollo y contexto de la sociedad.[22] Existe amplio consenso respecto de esta interpretación armónica e integradora de la Constitución en los principales tratadistas del derecho que se han ocupado del tema, como Linares Quin-

---

[21] Ferrajoli, Luigi, "Derechos fundamentales", en *Derechos y garantías. La ley del más débil*, Madrid, Trotta, 1999, p. 37.

[22] Cfr. (1908) 6 CLR 309, 367–8 (O'Connor J) ('Jumbunna').

tana,[23] Lucas Verdú,[24] Carpizo y Fix Zamudio,[25] tan sólo por citar algunos de los más representativos de nuestro entorno. Cabe añadir las siguientes consideraciones: *a*) El derecho previsto en el artículo 10 se ejerce *ex ante* y no *ex post*, como la garantía prevista en el artículo 17; y **b**) el derecho establecido en el artículo 10 está limitado a la legítima defensa y a la seguridad humana personal, mientras que el artículo 17 tiene un universo mayor de supuestos y es una garantía en los ámbitos penal, civil, administrativo, laboral y mercantil, entre otras materias jurídicas.

19.- ¿Qué opinión tienen los ciudadanos mexicanos sobre la justicia en su país?

De acuerdo con estadísticas obtenidas por la empresa Parametría, el 79% de los mexicanos opina que la justicia en nuestro país no se lleva a cabo de manera pronta, completa e imparcial. Según los indicadores y datos de opinión pública en materia de justicia de 2015, en 2011 el 48% de los encuestados pensaba que las leyes beneficiaban a los delincuentes; para 2013 el porcentaje descendió a 45%; el 50% no creía que los juzgados de nuestro país fueran honestos e imparciales. En 2013 sólo era 6%, y el 18% pensaba que la Suprema Corte de Justicia hacia cumplir la Constitución de manera efectiva.[26] En 2013, el 5% cambió de opinión, y ahora tan sólo el 13% considera esto.[27] Como podemos observar mediante la interpretación de los datos duros, la mayoría de los mexicanos está inconforme con la manera en que se imparte justicia en el país.

---

[23] Linares Quintana, Segundo V., *Reglas para la interpretación constitucional*, Buenos Aires, Editorial Plus Ultra, 1987, p.48 y ss.

[24] Lucas Verdú, Pablo, *Curso de derecho político*, Madrid, Tecnos, 1986, tomo II, p. 556.

[25] Carpizo, Jorge y Fix Zamudio, Héctor, "Algunas reflexiones sobre la interpretación constitucional en el ordenamiento mexicano", en Carpizo, Jorge, *et. al.*, *La interpretación constitucional*, México, IIJ-UNAM, 1975, pp. 9-35.

[26] Parametría, "¿Presunta justicia?", 2011, *http://www.parametria.com.mx/DetalleEstudio.php?E=4268http://www.parametria.com.mx/DetalleEstudio.php?E=4268*

[27] *Indicadores y datos de opinión pública en materia de Justicia 2015, Carpeta de indicadores y tendencias sociales #36*, Cámara de Diputados y Centro de Estudios Sociales y de Opinión Pública.

La Segunda Encuesta Nacional de Cultura Constitucional reveló que el 23.1% de los encuestados considera que la justicia funciona "mal en parte", y el 24.6% piensa que la justicia "funciona mal".[28] Los datos que nos arrojan los indicadores de 2015 revelan que el 23% opina que la impartición de justicia es mala, el 6% que es "muy mala", y el 32% que no es "ni buena ni mala".[29]

20.- ¿Ante qué tipo de crímenes es más usual el uso de armas de fuego para la legítima defensa?

De acuerdo con distintos estudios, ante robos a casa habitación, agresiones y asaltos. El primero se considera el delito que más puede evitarse mediante el uso de armas de fuego, toda vez que es en ese lugar en donde las potenciales víctimas tienen mayor posibilidad de acceso a ellas.[30]

En un país como México, donde la portación es tan restrictiva, la mayoría de las personas que tienen un arma para su legítima defensa puede usarla únicamente dentro de su domicilio, lo que reduce sus posibilidades de defensa en caso de agresiones que ocurran fuera, situación que desafortunadamente se ha vuelto cada vez más usual en nuestro país.

21.- ¿Qué sucede si alguien comete homicidio en legítima defensa?

Privar de la vida a un individuo en legítima defensa no se considera un delito, puesto que quien lo comete actúa bajo una excluyente de responsabilidad (la legítima defensa). Una persona que priva de la vida a su agresor no recibirá pena alguna si logra demostrar que efectivamente actuó en defensa legítima ante una agresión real, actual o inminente. Se entiende por *real* una agresión que efectivamente existe y no es inventada por la víctima. Por *actual*

---

[28] Fix Fierro Héctor, Flores, Julia, López Ayllón, Sergio y Valadés, Diego, *op. cit.*, nota 14.

[29] *Indicadores y datos de opinión pública en materia de justicia 2015. Carpeta de indicadores y tendencias sociales #36*, Cámara de Diputados y Centro de Estudios Sociales y de Opinión Pública.

[30] Kleck, Gary, y Kates, Don B., *op. cit.*, nota 41, p. 222.

se entiende que la agresión ha comenzado. *Inminente* se refiere a algo que está próximo a suceder.[31]

22.- ¿Cómo se puede probar que se tiene la necesidad de portar un arma de fuego para seguridad propia?

De acuerdo con la ley respectiva, el solicitante de una licencia de portación de arma de fuego debe demostrar que tiene la necesidad de ello en razón de lo siguiente:

–Una situación de peligro inminente por la naturaleza de su ocupación y empleo.

–Circunstancias especiales del lugar en que viva. Por ejemplo, las personas que vivan en áreas donde no exista seguridad por parte del Estado pueden adquirir un permiso de portación de arma de fuego. Sin embargo, quienes habitan en áreas con altos índices delictivos donde supuestamente sí existe seguridad pública, no podrán argumentar la necesidad de portar armas de fuego invocando las circunstancias especiales de su lugar de residencia. El motivo de lo anterior radica en que de acuerdo con el artículo 21 de nuestra Constitución, el Estado es el único facultado para garantizar la seguridad pública.

–Cualquier otro motivo justificado: una persona podrá solicitar la licencia cuando, mediante averiguaciones previas, demuestre que ella o su familia corren peligro inminente por amenazas derivadas del oficio que desempeña o por haber actuado conforme a la ley y haber resultado afectado.[32]

Con base en la experiencia y testimonios puede concluirse que la aplicación de este precepto se torna ambigua y discrecional.[33]

---

[31] Instituto de Investigaciones Jurídicas, *op. cit.*, nota 44, p. 62.

[32] Solicitud de información presentada a través de Infomex el 2 de agosto de 2010 con número de folio 0000700121710; respuesta con fecha 31 de agosto de 2010.

[33] Solicitud de información presentada a través de Infomex el 12 de febrero de 2016 con número de folio 0000700029316; respuesta con fecha 11 de abril de 2016.

RELACIÓN ENTRE ARMAS DE FUEGO, MUERTES ACCIDENTALES Y SUCIDIOS

23.- ¿Cuáles son los índices de muertes accidentales en familias que poseen un arma de fuego en sus domicilios?

En Estados Unidos, en un periodo de cinco años (1978-1983), por cada vez que se utilizó en defensa propia un arma en casa habitación únicamente ocurrieron 1.3 muertes accidentales, 4.5 homicidios dolosos y 37 suicidios,[1] según el tipo de mediciones y estudios que se realizan en ese país.

Si se considera que en el periodo de un año un arma de fuego se utiliza de 700 mil a 1 millón de veces, entonces el empleo de armas de fuego en legítima defensa supera sustancialmente su uso en muertes accidentales, sobre todo cuando hay una instrucción mínima sobre la portación y uso de armas de fuego.

24.- ¿La presencia de armas de fuego en hogares representa un peligro significativo para los niños?

No necesariamente. Existen otras circunstancias que representan un mayor peligro para los niños. Por ejemplo, en Estados Unidos los accidentes por el mal uso de armas de fuego en los que se encuentran involucradas personas de ese grupo de edad provocan la muerte de 10 a 20 menores de cinco años al año: aproximadamente la misma cantidad de los que mueren por la

[1] Reiss, Albert J. y Roth, Jeffrey A., *op. cit.*, nota 55, p.199.

ingesta de suplementos de hierro recetados a las madres después del parto.

Los personas menores de 16 años se encuentran 351 veces más propensos a ahogarse en sus propios domicilios a raíz de accidentes en las bañeras o en las albercas que a morir por un accidente con arma de fuego. Bajo este argumento, Kleck y Kates indican que entonces también deberían otorgarse licencias para poseer bañeras y albercas, puesto que éstas causan más muertes de menores que las armas de fuego, con la gran diferencia de que las bañeras y albercas no disminuyen los crímenes.[2]

25.- ¿Qué tipo de cuidados deben tener los poseedores de armas de fuego para evitar su mal uso?

Las legislaciones de países como Canadá, Estados Unidos y Australia regulan el almacenamiento correcto del arma, que normalmente consiste en depositarla –descargada– en un contenedor, receptáculo o cuarto que se mantenga bajo llave y que haya sido construido de tal manera que no pueda ser abierto con facilidad. Además, se recomienda que las municiones se conserven en un lugar distinto, o junto al arma pero observando igualmente las mencionadas medidas de seguridad.

26.- ¿Cuáles son las reglas de seguridad establecidas en nuestro país para el almacenamiento de una pistola en casa habitación?

Ni la LFAFE ni su Reglamento incluyen reglas explícitas de seguridad para el almacenamiento en casa habitación de pistolas o de cualquier arma de fuego; únicamente se refieren a su almacenamiento en talleres de fabricación; señalan que en lugares distintos deberán disponerse las medidas de seguridad que impidan accidentes o robos, aunque no especifican cuáles pueden ser este tipo de medidas.[3]

---

[2] Kleck, Gary y Kates, Don B., *op. cit.*, nota *41*, p. 65 y ss.

[3] Artículo 72 del Reglamento de la Ley Federal de Armas de Fuego y Explosivos publicado en el *Diario Oficial de la Federación* el 6 de mayo de 1972.

27.- ¿Cuáles son algunas de las tácticas utilizadas para el uso de armas de fuego en el hogar?

Antes de entrar a la discusión sobre el uso de un arma de fuego en defensa legítima durante un robo en casa habitación repasaremos algunas de las recomendaciones que se han hecho con base en la experiencia. Primero, es conveniente que se conozca la distribución de espacios y la ubicación del mobiliario dentro del domicilio para identificar lugares en donde se pudiera refugiar un delincuente, así como las diversas opciones de salida con que se cuentan para que las personas en peligro puedan poder escapar y solicitar ayuda.

Respecto de la ubicación del arma, suele recomendarse su resguardo en un sitio seguro pero de fácil acceso. Algunas personas la cargan consigo permanentemente cuando están en sus casas; otras la mantienen en el cuarto en donde se encuentran, y algunas más prefieren guardarla en un lugar fijo. Los expertos aconsejan tenerla en un mismo sitio y evitar que éste sea cambiado constantemente.

Más recomendaciones de los especialistas:

Cuando se tenga la sospecha de que un delincuente ha irrumpido en el hogar propio, por ningún motivo hay que encararlo; lo que debe hacerse es permanecer en el lugar donde uno se encuentre. De ser posible, hay que poner seguro a la puerta del cuarto, tomar el arma, resguardarse detrás de un objeto grande, como un mueble, llamar al servicio de emergencia y describir a la policía el sitio específico donde uno se ubica dentro de la casa;[4] no necesariamente hay que aguardar a que el delincuente haga daño antes de poner en práctica la defensa.

28.- ¿Es verdad que la portación de armas de fuego incrementa los suicidios?

Eso no es verdad. Si bien es cierto que el 60% de los suicidios se cometen con armas de fuego, éstas no influyen en la intención del sujeto para matarse ni la determinan. Un suicida recu-

---

[4] Quigley, Paxton, *Armed and female. Taking control*, Nueva York, Merril Press, 2010, pp. 187-202.

rre a otras alternativas tan letales como las armas de fuego; por ejemplo, saltar desde gran altura o ahorcarse.

Si las estadísticas de Estados Unidos se comparan con las de otros países, se observa que éstos muestran índices de suicidio más altos, aun cuando esa nación cuenta con las leyes más permisivas en materia de uso y portación de armas de fuego.

A continuación se presenta una tabla comparativa de tasas de suicidio.[5]

PAÍS	ÍNDICE DE SUICIDIO POR CADA 100 MIL HABITANTES
Alemania	**5.0 – 9.9[1]**
Dinamarca	**5.0 – 9.9**
Francia	**10.0 – 14.9**
Estados Unidos	**10.0 – 14.9**
Austria	**10.0 – 14.9**
Rumania	**10.0 – 14.9**
Japón	**≥ 15.0**
Polonia	**≥ 15.0**
Rusia	**≥ 15.0**
India	**≥ 15.0**

[1] *http://apps.who.int/iris/bitstream/10665/136083/1/9789275318508 spa.pdf?ua=1&ua=1*

En México, la tasa de suicidio por cada 100 mil habitantes es[6] de <5.0. Las causas son ajenas a la posesión de armas de fuego y se asocian más al desempleo, el estrés o la migración; en nada se relacionan con la facilidad de las personas para poseer esos instrumentos.

---

[5] Cook, Philip J., "The technology of personal violence", en Neesbet, Lee (ed.), *The gun control debate. You decide*, Nueva York, Prometheus Books, 2001, p. 254.

[6] Dirección General de Información en Salud. *Base de datos de definiciones Inegi/Secretaría de Salud, 2010, http://seplan.app.jalisco.gob.mx/tablin/indicador/consultarDatos/191?programa_id=8&url=programa*

RELACION ENTRE SEGURIDAD, ARMAS DE FUEGO E ÍNDICES DE VIOLENCIA Y CRIMINALIDAD

29.- ¿Existe alguna relación entre el crimen y la portación legal de armas de fuego?

No. Las armas de fuego no determinan los índices de criminalidad, pues una acción delictiva no depende del arma utilizada para su comisión, sino de las intenciones del agresor. El uso de un arma de fuego sólo refleja que las intenciones del agresor son muy violentas, más no que él tenía un arma de fuego disponible para la comisión de algún delito. Por el contrario, sucede que el delincuente primeramente piensa en la forma en que va a cometer el delito y posteriormente obtiene el arma.[1]

Debe tomarse en cuenta asimismo que la mayoría de las personas que cometen homicidios no actúan de esta manera porque tengan un arma de fuego a su alcance, sino porque ya acusaban un comportamiento criminal anterior. Por ejemplo, Kleck y Kates muestran estadísticas que revelan que el 90% de los asesinos en edad adulta ya tenían historiales criminales.[2]

Volviendo al caso de México, durante 2015 se perpetraron 17 mil 27 homicidios dolosos, de los cuales 9 mil 642 fueron cometidos con armas de fuego. Esto indica que en 7 mil 385 asesi-

---

[1] Hoskin, Anthony W., *op. cit.*, nota 47, p. 572.

[2] Kleck, Gary y Kates, Don B., *op. cit.*, nota 41, p. 20.

natos no hubo necesidad de que existiera previamente un arma de fuego, pues bastó la sola intención del agresor.[3]

En lo que respecta a Estados Unidos, en 1992 Morgan O. Reynolds y W.W. Caruth realizaron un estudio en el que demostraron que los estados con las leyes más restrictivas en materia de posesión de armas de fuego tenían los índices más altos de crímenes cometidos con éstas. Por ejemplo, Nueva York posee una de las legislaciones más estrictas al respecto y, sin embargo, en ese estado se registra el 20% de todos los robos a mano armada perpetrados en los Estados Unidos.[4]

Y, para no ir tan lejos, está el problema de México, país que pese a su muy restrictiva legislación del ramo atraviesa por gravísimos problemas de inseguridad y de comisión de delitos a mano armada.

30.- ¿La posesión de armas de fuego es la causa de los altos índices de criminalidad? ¿O los altos índices de criminalidad provocan el interés de los ciudadanos por portar armas de fuego?

Kleck demuestra que los civiles están recurriendo al uso de armas de fuego como una medida de autodefensa en respuesta al incremento de los actos delictivos. Es decir, los altos índices de criminalidad provocan el interés de los ciudadanos por portar armas de fuego, y no al revés: que el interés por armarse contra la delincuencia sea el origen del aumento de la inseguridad.[5] De igual forma, estudios realizados por Gary Kleck demuestran que el uso de armas de fuego para repeler una agresión es tres veces más frecuente que su uso para cometer un delito.[6]

Una encuesta realizada en Estados Unidos sobre la posesión y uso de armas de fuego reveló que el 46% de los encuestados poseían un arma de fuego debido a que ésta podía ser

---

[3] *http://www.mucd.org.mx/recursos/Noticias/XVEncuestaNacionalSobrePercepcindeInseguridadCiudadanaenMxico/documentos2/BoletinMitofsky-2016VTL.pdf* p. 11.

[4] Long, Barbara, *op. cit.*, nota 52, p. 27.

[5] Green, Gary, S., *op. cit.*, nota 51, p. 68.

[6] Kleck, Gary y Kates, Don B., *op. cit.*, nota 41, p. 216.

usada como medida de protección contra el crimen.[7] Este alto porcentaje refleja que el interés de los ciudadanos en adquirir armas de fuego surge de la inseguridad existente.

31.- ¿El incremento en la posesión de armas de fuego influye en el índice de homicidios en las escuelas?

No propiamente. En diversas localidades estadunidenses existe la ley llamada Gun Free School Zones, que prohíbe la portación de armas de fuego en un área de mil pies a la redonda de escuelas básicas e incluso de universidades. Sin embargo, esta normativa, de la que se esperaría una menor incidencia delictiva, ha mostrado ser ineficaz, pues lejos de coadyuvar a la disminución de crímenes ha permitido la comisión de delitos en lugares como las universidades de Arizona, Iowa y Virginia Tech, donde las personas que obedecieron dichas leyes fueron víctimas de delitos.

32.- ¿El número de muertes violentas aumenta en un ambiente social en el cual proliferan las armas de fuego?

No. En sociedades donde la portación de armas de fuego es común, el uso de éstas es principalmente para defensa propia y prevención de delitos, y los criminales son más cautelosos, pues saben que existe una mayor posibilidad de que las personas que eligen como víctimas se encuentren armadas. La prevalencia de la posesión de armas de fuego no tiene efectos notorios en la tasa de delitos, ya que pueden ser sustituidas por otro tipo de armas.[8]

Un estudio realizado por la Universidad de Chicago sobre prevención del delito y portación de armas de fuego reveló que si los estados de la Unión Americana que prohíben la portación de armas de fuego de manera visible (*right-to-carry concealed handguns*) hubieran cambiado su legislación

---

[7] Cook, Philip y Ludwig, Jens, *Guns in America: National Survey on Private Ownership and Use of Firearms*, Estados Unidos, mayo de 1997, en https://www.ncjrs.gov/txtfiles/165476.txt

[8] Zimring, Franklin E., y Hawkins, Gordon, "Lethal Violence in America", en Neesbet, Lee (ed.), *The gun control debate. You decide*, Nueva York, Prometheus Books, 2001, p. 227.

a una más permisiva se habrían evitado mil 570 asesinatos anualmente.[9]

En los años ochenta, en Kennesaw, Georgia, se llevó a cabo una exitosa campaña mediática relativa a la portación de armas entre sus residentes. En tal contexto, una ley local de 1982 exigía que todos los ciudadanos adultos tuvieran armas; el resultado: una disminución de 89% en los índices de robo.[10]

Tanto los académicos que se manifiestan en favor de las armas de fuego como los que están en contra coinciden en que éstas no son el único factor que influye en la tasa de homicidios en Estados Unidos. Incluso si en este país no hubiera violencia a mano armada, seguirían existiendo tasas de violencia mayores que las de Japón, Gran Bretaña y Canadá proporcionalmente.[11]

33.- ¿Cuáles son los factores que influyen en la comisión de delitos?

Las armas de fuego no son ni una condición necesaria ni un elemento suficiente para la comisión de delitos; hay otros factores que deben tomarse en cuenta al analizar por qué se cometen, como desórdenes mentales, abuso de sustancias ilegales,[12] nivel socioeconómico y entorno familiar del delincuente, tráfico de drogas y de armas de fuego, fracaso escolar, desempleo, número de habitantes por casa habitación, capital social del individuo, etcétera.[13]

Para comprender las razones inciden en la comisión de delitos es necesario analizar la correlación entre los factores comunitarios, socioeconómicos y familiares del delincuente. Igualmente importante es dejar de asociar la simple posesión de armas de fuego con la comisión de delitos.

---

[9] Lott, John R., y Mustard, David E., "Crime, deterrence, and right-to-carry-concealed handguns", *Journal of Legal Studies*, vol. 26, núm. 1, enero de 1997, p. 1.

[10] Green, Gary, S., *op. cit.*, nota 51, p. 75.

[11] Neesbet, Lee, "Part III. Gun availability and violence", en Neesbet, Lee (ed.), *The gun control debate. You decide*, Nueva York, Prometheus Books, 2001, p.180.

[12] Kleck, Gary y Kates, Don B., *op. cit.*, nota 41, p. 20 y ss.

[13] Reiss, Albert J. y Roth, Jeffrey A, *op. cit.*, nota 55, p. 186.

34.- ¿Por qué recurrir a la posesión de armas si existen otros medios para controlar el crimen?

Porque se trata de un recurso complementario, no sustitutivo, del principio general que convalida el monopolio de la fuerza del Estado. Y, además, porque los medios previstos como deseables por el sistema legal desde los puntos de vista formal y teórico no han funcionado adecuadamente. Desde 1972, cuando se publicó la Ley Federal de Armas de Fuego y Explosivos en el *DOF*, la legislación de nuestro país ha restringido a los ciudadanos la portación de armas de fuego. Sin embargo, esta medida no dio los resultados esperados, pues, a 40 años de haberse establecido, México atraviesa por uno de los periodos de inseguridad más críticos en su historia, toda vez que la violencia se ha extendido a lo largo del país y se ha convertido en un problema nacional.

Actualmente se encuentran registradas 2 millones 775 mil 39 armas de fuego en México.[14] Según las actualizaciones más recientes del Instituto Nacional de Estadística y Geografía (Inegi), en 2014 hubo un total de 633 mil 641 muertes, de las cuales 20 mil 10 se debieron a agresiones, con lo que estas últimas ocuparon el octavo lugar entre las principales causas de mortalidad.[15]

Otra investigación arroja cifras similares: en 2014 se reportaron 20 mil 276 muertes, y hasta julio de 2015 10 mil 881, por crimen organizado y narcotráfico[16]; en los dos años subsiguientes la tendencia se mostraba más o menos igual. Mientras los mexicanos siguen a la espera de soluciones eficaces que no llegan, los fracasos del Estado para contener la violencia se contabilizan en más pérdidas de vidas humanas.

---

[14] Solicitud de información presentada a través de Infomex el 3 de marzo de 2016 con número de folio 0000700042416; respuesta con fecha 4 de julio de 2016.

[15] *http://www.inegi.org.mx/est/contenidos/proyectos/registros/vitales/mortalidad/tabulados/ConsultaMortalidad.asp*

[16] "En 2010, 15,273 muertes por crimen organizado: Poiré", *Milenio*, 12 de enero de 2011, *http://www.milenio.com/cdb/doc/noticias2011/50a22c5f90a91c7060c4a6dba261ca2d*
http://aristeguinoticias.com/3108/mexico/van-mas-de-57-mil-asesinatos-en-lo-que-va-del-sexenio-gobierno-oculta-9-mil-zeta/

Recurrir a la posesión de armas como opción complementaria, no sustitutiva, del principio general que convalida el monopolio de la fuerza del Estado, no implica en absoluto contribuir al fomento de la violencia; por el contrario, supone combatirla con la Constitución en la mano y apelando a un derecho humano cuyo ejercicio reclama una normativa secundaria que lo haga viable para los fines exclusivos de legítima defensa y seguridad de los gobernados.

35.- De acuerdo con los mexicanos, ¿cuál es el principal problema del país?

De acuerdo con el estudio realizado en 2015 por el Inegi, el 58% de los mexicanos percibe que el mayor problema del país es la inseguridad; 44.1% considera que es el desempleo, y el 33.2 % señala que es el aumento de precios. El concepto *inseguridad* lleva mucho tiempo enquistado en el ánimo de la población e incluso se ha potenciado de manera extraordinaria, mientras que los relativos a *desempleo* y *aumento de precios* se han mantenido constantes o incluso a la baja.

En cuarto, quinto y sexto lugares del mismo estudio sobre lo que los ciudadanos consideran el mayor problema del país están la pobreza, con el 31.1 %; salud, con 28.6%, y corrupción, con 28.5%, porcentajes que tienden a incrementarse.[17]

En cuanto a la percepción ciudadana respecto de cómo el gobierno federal está haciendo su trabajo, el 66% de los ciudadanos desaprueban la gestión de Enrique Peña Nieto. Al momento en que fue realizado este libro, y en una escala del 1 al 10, la labor del mandatario tenía un promedio de 4.4 de calificación.[18] En 2016, la Encuesta Telefónica Nacional del mismo año arrojó que el 67% de los mexicanos considera que el gobierno no ha emprendido acciones firmes contra el narcotráfico y el crimen organizado.[19]

---

[17] *http://www.inegi.org.mx/saladeprensa/boletines/2015/especiales/especiales2015_09_7.pdf*

[18] *http://gruporeforma-blogs.com/encuestas/?p=6287*

[19] *Encuesta Telefónica Nacional, Seguridad y Confianza Ciudadana*, Cámara de Diputados y Centro de Estudios Sociales y de Opinión Pública, p. 21.

36.- ¿Cuáles son las medidas que los mexicanos estarían de acuerdo en apoyar en contra de la inseguridad?

En una encuesta realizada por Consulta Mitofsky y México Unido contra la Delincuencia se preguntó a un segmento de mexicanos si estarían de acuerdo en que se implementaran nuevas medidas contra la inseguridad en el país. Los resultados son los siguientes:

Encuesta Consulta Mitofsky y México Unido contra la Delincuencia		Encuesta Telefónica Nacional[2] (CESOP y Cámara de Dip.)	
MEDIDAS	PORCENTAJE DE ACUERDO	MEDIDAS	TOTAL MENCIONES
2013		2016	
Aumentar castigos contra el crimen	90.2%	Depuración de los cuerpos de seguridad ciudadana	63.3
Retenes para revisión de vehículos	83.2%	Priorizar prevención	9.9
Incorporar militares a la policía	77.5%	Aumentar programas sociales	24.2
Imponer pena de muerte en delitos graves	73.6%	Recuperación de espacios públicos	12.3
Incrementar sueldos a policías	62.1%	Combate a la corrupción	56.8
Más dinero para armas y patrullas	61.2%	Aumentar el marco legal	21.1
Que los ciudadanos posean armas para su defensa	38%	Aumentar efectividad de procesos judiciales	11.4
Legalizar la mariguana	35.2%	Involucrar al Ejército en actividades de seguridad	25.6
Que los ciudadanos hagan justicia por su propia mano	26.4%	Otro	4.4
		No sabe	7.6

[2] *Encuesta Telefónica Nacional, Seguridad y Confianza Ciudadana.* Cámara de Diputados y Centro de Estudios Sociales y de Opinión Pública, p. 13.

Cabe señalar que la medida "Que los ciudadanos posean armas para su defensa" registró su mayor puntaje en 2009 (52.5%), fecha a partir de la cual el porcentaje ha disminuido.

También es importante mencionar lo que otros estudios han arrojado sobre el tema. Uno de éstos indica que el 77.9% de los mexicanos considera correcto utilizar al Ejército para combatir al crimen organizado, y el 44. 8% dice estar de acuerdo en que para combatir la delincuencia en el país los ciudadanos deben hacer justicia por su propia mano, lo que, por supuesto, es por entero ajeno a los principios de seguridad jurídica.[20]

37.- ¿Hay manipulación de los medios de comunicación respecto al uso de las armas de fuego?

Sí. La mayoría de los medios de comunicación en diversos países tiende a representar la opinión de los editores y no los hechos reales. Por ejemplo, en algunas televisoras ya es una costumbre exhibir un despliegue de pistolas cuando abordan notas relativas a la comisión de delitos, aun en crímenes en los que no se emplearon armas de fuego, de manera que tienden a ofrecen una imagen del crimen y de las armas de fuego como si fueran lo mismo. Algunos programas televisivos ofrecen datos generalizados como éste: "El índice de crímenes y violencia está creciendo", pero no especifican el área del país, el tipo de crimen o si éste fue cometido con armas de fuego o no.[21]

Un estudio realizado por la reportera Tamryn Etten acerca de las noticias relativas a las armas de fuego en Estados Unidos reveló que el 71% de esas informaciones no eran imparciales: o se inclinaban al uso de armas de fuego o a su prohibición; 81% se mostraron partidarias de leyes más estrictas en materia de portación de armas de fuego.[22]

En el caso de México, la ya citada encuesta de Consulta Mitofsky y México Unido contra la Delincuencia indica que en el 2015 el 52% de los ciudadanos opinaba que los noticieros de ra-

---

[20] *http://www.mucd.org.mx/recursos/Noticias/XVEncuestaNacionalSobrePercepcindeInseguridadCiudadanaenMxico/documentos2/NA_MUCD2016_LAMINAS.pdf* p. 13 y 16.

[21] Kleck, Gary y Kates, Don B., *op. cit.*, nota 41, p.175 y ss.

[22] Ídem.

dio y televisión esconden las cosas que son más graves,[23] lo que demuestra una desconfianza en los contenidos que éstos transmiten a la sociedad.

En el caso del estadunidense Bernhard Goetz, popularizado como *El Vengador del Metro de Nueva York* al haber disparado en legítima defensa a cuatro jóvenes negros en 1984, algunos medios informativos dieron a conocer de tal manera el hecho que parecía que los muchachos únicamente habían mostrado un comportamiento fuera de lo común. Los mismos medios pasaron por alto que dos de los cuatro baleados declararon ante la policía haber intentado asaltar a Goetz, quien finalmente quedó absuelto de todos los cargos, menos el relativo a la posesión ilegal del arma con la que se defendió; posesión que lo salvó de ser víctima de un delito.[24]

38.- ¿Qué estrategias existen para reducir los casos de violencia con arma de fuego?

Reiss y Roth compilan diversas propuestas para la reducción de los casos de violencia con arma de fuego:

–Desmantelar el mercado ilícito de armas de fuego, así como el de drogas.

–Trabajo policiaco en coordinación con las comunidades y la sociedad civil.

–Prohibir la portación de armas de fuego a individuos con enfermedades mentales o con antecedentes penales.

–Reducir el poder letal de las armas de fuego mediante una clasificación que obedezca a su peligrosidad.

–Regular medidas de seguridad para el almacenamiento de las armas de fuego.

Los autores citados concuerdan con la idea de que se establezcan estrategias educativas, legales y tecnológicas con el objetivo de lograr una utilización más adecuada y eficiente de las

---

[23] México Unido contra la Delincuencia, A. C. y Consulta Mitofsky, *op. cit.*, nota 90, p. 28. *http://www.mucd.org.mx/recursos/Noticias/XVEncuestaNacionalSobrePercepcindeInseguridadCiudadanaenMxico/documentos2/NA_MUCD2016_LAMINAS.pdf*, p. 18.

[24] *Ibidem*, p. 201 y ss.

armas de fuego y la manera de almacenarlas. También proponen fomentar la propiedad de armas de fuego en personas que pretendan utilizarlas para actividades legales.[25]

39.- ¿Se pueden reducir los índices de violencia mediante la implementación de programas de entrenamiento para el uso de armas de fuego?

Sí. En 1966 se creó un programa de entrenamiento en el uso de armas de fuego en Orlando, Florida, que se impartió a 60 mil mujeres. El índice de violaciones sexuales en esa ciudad descendió en los años posteriores al programa. En el mismo periodo, aumentó la tasa de ese delito en otras ciudades de Florida.[26]

Otro ejemplo es Highland Park, Michigan, donde un programa de instrucción para el uso de armas de fuego dirigido a propietarios de negocios dio como resultado un decremento en los casos de robo a mano armada en esos establecimientos, incluyendo farmacias y supermercados.[27]

Varios investigadores dedicados al tema del control de armas de fuego han coincidido en que periodos de espera reglamentarios para adquirir armas de fuego (durante los cuales normalmente se verifica si existe alguna restricción para poder poseerlas o como un tiempo para prevenir actos violentos impulsivos), en combinación con cursos de entrenamiento, son medidas eficaces para disminuir tanto índices de violencia como tasas de suicidio.[28]

Siguiendo dicha recomendación, países como Australia y Canadá vinculan la portación de arma de fuego con la educación, consistente en el conocimiento y el entrenamiento; por ello disponen que el interesado en adquirir un arma de fuego tiene que cumplir con un entrenamiento especializado.

---

[25] Reiss, Albert J. y Roth, Jeffrey A., *op. cit.*, nota 55, p. 202 y ss.

[26] Green, Gary, S., *op. cit.*, nota 51, p. 73 y ss.

[27] *Ibidem*, p. 76.

[28] Hahn, Robert A., *et. al.*, "Firearms Laws and the Reduction of Violence. A Systematic Review", *American Journal of Preventive Medicine*, vol. 28, núm. 2, febrero de 2005, p. 51.

40.- ¿Qué programas ha creado el gobierno federal para la prevención del delito?

Dependiente de la Secretaría de Gobernación, la Subsecretaría de Prevención y Participación Ciudadana es la dependencia encargada de implementar el Programa Nacional para la Prevención Social de la Violencia y la Delincuencia, cuyo objetivo es atender los factores de riesgo y de protección vinculados a la violencia y la delincuencia. Su fundamento descansa en el enfoque de seguridad ciudadana, el cual privilegia la participación de los ciudadanos en la construcción de ambientes seguros a través de la prevención.

El enfoque preventivo de este programa plantea tres niveles de intervención: primario, secundario y terciario, y cinco tipos de prevención: social, situacional, comunitaria, psicosocial y prevención policial orientada a la comunidad.

Se sustenta en tres conceptos que explican las distintas aristas de la violencia y la delincuencia: la teoría ecológica del delito (modelo sistémico que orienta la atención a problemas delictivos en todos sus ámbitos de desarrollo), la teoría epidemiológica del delito (que centra la atención en los factores de riesgo y factores protectores) y la teoría de la eficacia colectiva (que entiende el problema de la criminalidad como un fenómeno colectivo en el que influye el contexto de desarrollo de las personas, por lo que busca propiciar comunidades más organizadas, con mayor nivel de solidaridad y confianza, más cohesionadas y por tanto, más seguras).

Los cinco objetivos en los que se centran las acciones del programa son:

–Incrementar la corresponsabilidad de la ciudadanía y actores sociales en la prevención social mediante su participación y desarrollo de competencias.

–Reducir la vulnerabilidad de las poblaciones de atención prioritaria ante la violencia y la delincuencia.

–Generar entornos que favorezcan la convivencia y seguridad ciudadanas.

–Fortalecer las capacidades institucionales para la seguridad ciudadana en los gobiernos municipales, delegacionales, estatales y federal.

–Asegurar la coordinación entre las dependencias y entidades de la administración pública federal para la implementación de programas de prevención social.

Los gobiernos locales son de primordial importancia en la prevención; su proximidad y conocimiento del territorio, así como las problemáticas que viven sus comunidades, permite la integración de acciones y el desarrollo de procesos preventivos pertinentes. Los municipios y delegaciones tienen un papel central en la implementación y seguimiento de los procesos de prevención social, siempre con el apoyo y coordinación de sus entidades federativas en lo que toca a la realización de los diagnósticos, el diseño y la evaluación de los proyectos en la materia.[29]

Para efectos de nuestro estudio, debemos destacar la importancia de la política como un agente democratizador que sea capaz de transmitir confianza a la ciudadanía, a fin de que ésta se convierta en un actor proactivo y aliado del gobierno en la prevención de las conductas delictivas.

41.- ¿Cuántas armas de fuego se encuentran registradas en cada entidad federativa del país?

A continuación se presenta una tabla con la cantidad de armas de fuego registradas en cada una de las entidades federativas del país en un periodo que va del 1 de abril de 2013 al 2 de abril de 2014.[30]

ESTADOS	FOLIOS A (Registro inicial)		FOLIOS B (Cambio de propietario)		FOLIOS F (Registro de armas nuevas vendidas por la Dir. Gral. Ind. Mil.)	
	2013	2014	2013	2014	2013	2014
Aguascalientes	15,678	16,826	1,395	2,438	239	262
Baja California	49,390	51,420	1,894	2,887	556	634
Baja California Sur	16,592	17,802	922	1,575	234	304
Campeche	30,106	31,027	877	1,169	513	650
Chiapas	37,442	38,883	858	1,506	982	1,150
Chihuahua	88,909	95,020	3,373	4,667	1,029	1,532
Coahuila	64,965	68,270	3,523	5,049	505	567

[29] *http://www.dof.gob.mx/nota_detalle.php?codigo=5343087&fecha=30/04/2014*

[30] Solicitud de información presentada a través de Infomex el 18 de marzo de 2013 con número de folio 0000700049213; respuesta con fecha 1 de abril de 2013 y actualización recibida con fecha 2 de abril de 2014.

Colima	34,434	36,597	4,383	5,126	698	821
Distrito Federal	256,728	267,121	10,557	12,855	40,784	47,514
Durango	55,170	56,221	1,109	1,488	464	498
Estado de México	162,276	171,316	12,794	15,359	26,929	32,320
Guanajuato	91,612	95,511	4,684	5,941	1,344	1,569
Guerrero	111,980	120,007	4,699	6,717	3,343	4,030
Hidalgo	57,512	61,463	3,587	4,389	2,688	3,078
Jalisco	205,351	218,758	26,714	33,562	9,167	11,174
Michoacán	158,576	172,302	11,633	16,276	2,786	3,204
Morelos	40,639	43,494	4,733	5,671	3,127	3,498
Nayarit	35,042	37,159	1,600	2,144	162	203
Nuevo León	126,821	133,105	10,638	13,032	3,381	3,831
Oaxaca	80,808	89,291	3,171	4864	2,731	3,075
Puebla	69,195	73,485	4,586	5,995	4,321	4,780
Querétaro	27,697	30,438	2,334	2,843	1,577	1,828
Quintana Roo	19,852	21,083	829	1,197	529	656
San Luis Potosí	34,754	36,693	1,125	1,561	540	598
Sinaloa	107,396	113,458	5,694	7,710	685	788
Sonora	67,544	70,815	3,886	5,130	195	336
Tabasco	25,789	27,231	1,316	1,678	1,002	1169
Tamaulipas	99,212	104,487	4,565	5,899	431	505
Tlaxcala	18,337	19,111	775	958	703	789
Veracruz	107,065	111,229	5,494	7,023	4,152	4,714
Yucatán	52,569	55,229	1,861	2,157	1,007	1,116
Zacatecas	26,813	27,834	984	1,171	278	303
Total	**2,376,254**	**2,512,686**	**146,593**	**190,037**	**117,082**	**137,496**

42.- ¿Qué delito hace sentir mayor temor a la sociedad mexicana?

El delito que mayor temor infunde en los mexicanos es el robo a mano armada, como lo expresó el 59.9% de personas encuestadas, seguido del miedo a los enfrentamientos entre Ejército y criminales (55.4%), al secuestro (51.4%) y a un atentado terrorista (43.6%).[31]

De acuerdo con la Décimo Quinta Encuesta Nacional sobre Percepción de Inseguridad Ciudadana en México, uno de cada dos mexicanos siente mucho temor a ser víctima de secuestro.[32]

[31] México Unido contra la Delincuencia, A. C. y Consulta Mitofsky, *op. cit.*, nota 91.

[32] *http://www.mucd.org.mx/recursos/Noticias/XVEncuestaNacionalSobrePercepcindeInseguridadCiudadanaenMxico/documentos2/BoletinMitofsky-*

43.- ¿Los mexicanos confían en la policía?

No. Indicadores y datos de opinión pública en materia de justicia realizados por la Cámara de Diputados y el Centro de Estudios Sociales y de Opinión Pública han revelado que al 35% de un grupo representativo de ciudadanos encuestados la Policía Federal no les inspira nada de confianza; al 55% poca confianza; al 9% mucha confianza, y el 1% expresó no saber. En esa escala de desconfianza, la policía quedó por encima de la Procuraduría General de la República, jueces, Policía Estatal, Policía Ministerial o Judicial, Ministerio Público, Policía Preventiva Municipal y Policía de Tránsito, pero por debajo de la Marina y el Ejército.[33]

Otro estudio mostró que la autoridad en la que más se confía (con 40.8%) es en el Ejército Mexicano, y en segundo lugar, con 39%, la población dijo "no saber" en quién confiar.[34] El 49.4% sostuvo que las autoridades son parte de la delincuencia.[35]

44.- ¿Cuáles son los delitos más cometidos en México?

La siguiente gráfica muestra los delitos de mayor incidencia en el país.[36]

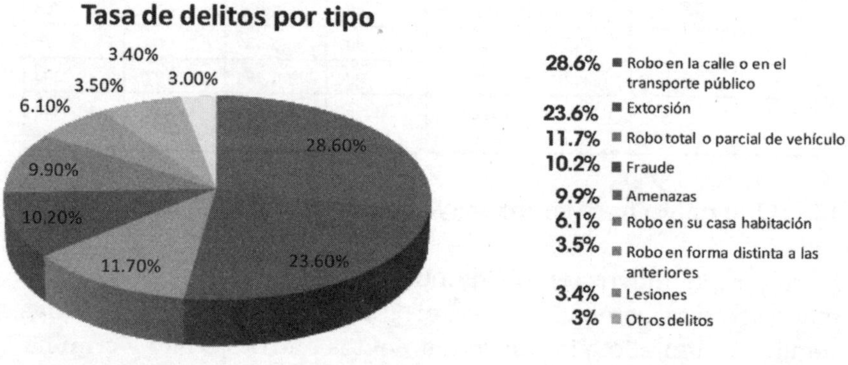

2016VTL.pdf p.2 .

[33] *Indicadores en materia de justicia 2015*, Cámara de Diputados y Centro de Estudios Sociales y de Opinión Pública (CESOP), p. 24.

[34] *Encuesta Telefónica Nacional, Seguridad y Confianza Ciudadana*, Cámara de Diputados y CESOP, p. 29.

[35] *Ibidem.*

[36] Instituto Nacional de Estadística y Geografía, *op. cit.*, nota 103.

Al revisar cifras de 2015 observamos que el 27.3% de todos los delitos cometidos en el país (Encuesta Nacional de Victimización y Percepción sobre Seguridad Pública, ENVIPE 2015) no fueron denunciados o no se inició la averiguación previa correspondiente; 63.1% de éstos fueron atribuidos a la autoridad. El 32.2% de los ciudadanos consideraron una pérdida de tiempo sus denuncias por desconfianza en las autoridades (16.8%) y por causas como miedo al agresor, por tratarse de un delito de poca importancia o por no contar con pruebas suficientes (36.5%).[37]

45.- ¿Cuáles son los índices de violencia en México?

En 2014 se registraron 22.8 millones de víctimas de delitos (personas de 18 años de edad en adelante) a nivel nacional, y por cada 100 mil habitantes se cometían 41 mil 655 delitos.

En cuanto a las armas de fuego, en el periodo 2010-2016 hubo 36 mil 706 averiguaciones previas relacionadas con portación sin licencia y 36 mil 80 por portación de arma de uso exclusivo de las Fuerzas Armadas.[38] De acuerdo con la PGR, en 2013 existieron 66 averiguaciones previas por el delito de homicidio grave con arma de fuego, 71 averiguaciones en 2014, y 41 hasta octubre de 2015.[39]

Los costos de la inseguridad y los delitos en el país ascienden a 226 millones 700 mil pesos anuales, lo que equivale al 1.27% del Producto Interno Bruto (PIB). Como respuesta a lo anterior, en los hogares mexicanos se han implementado medidas de prevención con un costo de 63 millones 600 mil pesos.[40]

---

[37] *http://www.inegi.org.mx/saladeprensa/boletines/2015/especiales/especiales2015_09_7.pdf,* p.11.

[38] Solicitud de información presentada a través de Infomex el 19 de febrero de 2016 con número de folio 0001700051216. Respuesta con fecha del 18 de marzo de 2016.

[39] Solicitud de información presentada a través de Infomex el 16 de noviembre de 2015 con número de folio 0001700392515. Respuesta con fecha 30 de noviembre de 2015.

[40] Ídem. *http://www.inegi.org.mx/saladeprensa/boletines/2015/especiales/especiales2015_09_7.pdf,* p.18.

46.- ¿De dónde provienen las armas que se utilizan en la comisión de delitos?

De transacciones ilegales o por robo. Se tienen datos que indican que la obtención ilegal se realiza mediante robo al manufacturero o transferencias de armas de fuego no reportadas. El robo de éstas a comerciantes, casas habitación y entre criminales son la fuente más importante de armas de fuego utilizadas en la comisión de delitos. De hecho, sólo una de cada seis armas usadas en homicidios fue adquirida legalmente.[41]

En el caso de Estados Unidos, ciudades como Nueva York y Washington, que tienen leyes muy restrictivas en la materia, demuestran que la mayoría de las piezas empleadas para delinquir son conseguidas de manera ilícita.[42] Por lo tanto, una legislación menos restrictiva, pero a la vez más efectiva, sería una buena alternativa para evitar el uso de armas de fuego con fines delictivos.

Aun cuando se estableciera un control más estricto, los criminales serían los menos propensos a obedecerlo y, por consiguiente, una vez más se estaría privando a la víctima de un instrumento de legítima defensa. Kleck y Gertz sugieren que las leyes sean menos restrictivas para aquellas personas que, desde luego, no sean criminales. De esta forma, cuando la policía arreste a quienes porten armas de fuego ilegalmente, será más probable que dichas personas sean delincuentes.[43]

47.- ¿El tráfico de armas es un problema nacional?

Sí. Debido a la cercanía de México con Estados Unidos, primer productor de armas de fuego a nivel internacional, existe un gran tráfico ilícito a través de la frontera norte. En las ciudades fronterizas estadunidenses se ubican múltiples negocios de venta de armas de fuego. Datos de la Agencia Federal de Alcohol, Tabaco, Armas de Fuego y Explosivos (ATF) indican que

---

[41] Reiss, Albert J. y Roth, Jeffrey A., *op. cit.*, nota 55, p. 201.

[42] Ídem.

[43] Lott, John R., *op. cit.*, nota 53, p. 163.

más del 90% –otras investigaciones indican que es aproximadamente el 70%– de las armas de fuego aseguradas en México provienen de Estados Unidos.[44] Dicha agencia proporciona entrenamiento contra el tráfico de armas a la policía mexicana y de países latinoamericanos como El Salvador.[45]

El 56% de los mexicanos declara que en sus comunidades circulan armas de fuego clandestinamente, y el 17% considera que el tráfico de armas es la principal amenaza a México proveniente del exterior.[46]

La delincuencia organizada es la principal beneficiaria de ese tráfico y se aprovecha de los cruces fronterizos informales para ello. Normalmente esas armas son adquiridas por ciudadanos norteamericanos o residentes permanentes a cambio de grandes sumas de dinero.[47]

En 2010 se firmó un acuerdo entre el Centro de Investigación y Seguridad Nacional y la Oficina de Control de Alcohol, Tabaco, Armas de Fuego y Explosivos de Estados Unidos para elaborar un análisis del tráfico de armas hacia México, documento que quedó listo en 2011.[48]

Los fallidos esfuerzos por regular el tráfico ilegal hacia México se comprobaron con la fracasada operación *Rápido y Furioso*, puesta en práctica por la división en Phoenix de la ATF. La estrategia permitió la compra ilegal de alrededor de 2 mil armas de fuego y el tráfico de la mayoría de éstas a México con el objetivo de rastrearlas y poder identificar y detener a sus compradores, quienes –se presumía– eran miembros de cárteles mexicanos.

---

[44] Instituto Ciudadano de Estudios sobre la Inseguridad A. C., *Encuesta Nacional sobre Inseguridad*, *op. cit.*, nota 104. *http://www.eluniversal.com.mx/articulo/periodismo-de-datos/2015/07/29/eu-trafico-ilegal-de-armas-de-fuego*

[45] Agencia Federal de Alcohol, Tabaco, Armas de Fuego y Explosivos, "Firearms trafficking training provided to police officers in Mexico and El Salvador", abril de 2008, *http://www.atf.gov/press/releases/2008/04/040908-atf-provides-trafficking-training.html*

[46] Instituto Ciudadano de Estudios sobre la Inseguridad, A.C., *op. cit.*, nota 104.

[47] Procuraduría General de la República, *et. al.*, "Tráfico de armas México-USA", 2008, *www.pgr.gob.mx/prensa/2007/docs08/tráfico_d...pdf*

[48] Brito, Omar, "Detener tráfico de armas de EUA, reto para la SRE", en *Milenio*, 2 de septiembre de 2011, *http://www.milenio.com/cdb/doc/noticias2011/08bdd7d4361766ee8c1399eb8612b9f6*

El rastreo de las piezas, sin embargo, resultó inefectivo y una gran cantidad fueron encontradas en escenas de homicidios en la frontera norte de México. El fracaso de *Rápido y Furioso* derivó en la renuncia de dos importantes funcionarios de la ATF y demostró la corrupción de algunos otros empleados. Como consecuencia del descontento de la sociedad estadunidense por el manejo de la agencia, se creó la organización civil Clean Up ATF, con la intención de mejorar el manejo del organismo y denunciar los casos de corrupción.[49]

48.- ¿Cuáles son los requisitos para obtener autorización para prestar servicios de seguridad privada en México?

Según el artículo 25 de la Ley Federal de Seguridad Privada, dichos requisitos son:

I. Ser persona física o moral de nacionalidad mexicana.
II. Tratándose de personas morales, deberán estar constituidas conforme a la legislación mexicana.
III. Exhibir original del comprobante de pago de derechos por el estudio y trámite de la solicitud de autorización.
IV. Presentar pago de derechos.
V. Señalar el domicilio de la matriz y, en su caso, de las sucursales, precisando el nombre y puesto del encargado en cada una de ellas.
VI. Acreditar que se cuenta con los medios humanos, de formación, técnicos, financieros y materiales que le permitan llevar a cabo la prestación de servicios de seguridad privada en forma adecuada, en las modalidades y ámbito territorial solicitados.
VII. Presentar un ejemplar del Reglamento Interior de Trabajo y manual o instructivo operativo.
VIII. Exhibir los Planes y programas de capacitación y adiestramiento vigentes, acordes a las modalidades en que se prestará el servicio, así como la constancia que acredite su registro ante la Secretaría del Trabajo y Previsión Social.

[49] "Clean Up ATF", en *http://cleanupatf.org/*

IX. Constancia expedida por institución competente o capacitadores internos o externos de la empresa, que acredite la capacitación y adiestramiento del personal operativo.
X. Relación del personal directivo y administrativo.
XI. Currícula del personal directivo.
XII. Relación de quienes se integrarán como personal operativo, para la consulta de antecedentes policiales en el Registro Nacional del Personal de Seguridad Pública.
XIII. Adjuntar el formato de credencial que se expedirá al personal.
XIV. Fotografías del uniforme.
XV. Relación de bienes muebles e inmuebles que se utilicen para el servicio, como equipo de radio y telecomunicaciones, armamento, vehículos, etc.
XVI. Relación, en su caso, de perros, adjuntando copia certificada de los documentos que acrediten que el instructor se encuentra capacitado para desempeñar ese trabajo.
XVII. Copias certificadas del permiso para operar frecuencia de radio y telecomunicación o contrato celebrado con concesionaria autorizada.
XVIII. Fotografías de vehículos que se utilicen en la prestación de los servicios, las cuales no podrán ser iguales o similares a los oficiales utilizados por las corporaciones policiales o por las Fuerzas Armadas.
XIX. Muestra física de las insignias, divisas, logotipos, emblemas o cualquier medio de identificación que porte el elemento.
XX. En caso de que se utilicen vehículos blindados en la prestación del servicio, se deberá exhibir constancia expedida con la que acredite el nivel del mismo.[50]
XXI. Tratándose de prestadores de servicios que operen en la modalidad prevista en la fracción III del artículo 15 de la presente Ley, y específicamente para el traslado de valores, será indispensable contar con vehículos blindados, y exhibir constancia expedida por el provee-

[50] Artículo 25 de la Ley Federal de Seguridad Privada, publicada en el *Diario Oficial de la Federación* el 6 de julio de 2006.

dor del servicio de blindaje, con la que se acredite el nivel del mismo.

XXII. Tratándose de prestadores de servicios que operen en la modalidad VII del artículo 15 de la presente Ley, y específicamente en dispositivos, sistemas o procedimientos técnicos especializados, será requisito indispensable presentar una relación y muestra física de los equipos que utilicen para el servicio.

XXIII. Registro sanitario de los dispositivos de identificación personal. Asimismo, para su almacenamiento y transportación deberán cumplir con los requisitos establecidos en el Reglamento de Salud aplicable.

49.- ¿Cuántas empresas de seguridad privada autorizadas hay en México?

Aun cuando las cifras que se proporcionan aquí en relación con este rubro corresponden a 2013 por falta de mayor información de la Secretaría de Seguridad Pública federal, dan una idea de la proliferación de empresas de seguridad privada en el país y de su tendencia creciente:

Hasta abril de ese año había 869 autorizadas para prestar servicios en dos o más entidades federativas,[51] número que se incrementó en comparación con el registrado en junio de 2009: 757.[52]

A continuación se presenta una tabla que muestra la cantidad de empresas privadas por entidad federativa. Es importante señalar que posteriormente se formularon nuevas solicitudes de información, pero no fueron respondidas por la autoridad o ésta no adjuntó documento alguno, así que los datos aquí exhibidos fueron los únicos disponibles al cierre de la presente edición.

---

[51] Solicitud de información presentada a través de Infomex el 18 de marzo de 2013 con número de folio 0002200028513. Respuesta con fecha 2 de abril de 2013.

[52] Secretaría de Seguridad Pública, empresas autorizadas, julio de 2011, http://siesp.ssp.gob.mx/Transparencia/

N°		TOTAL EMPRESAS
1	AGUASCALIENTES	6
2	BAJA CALIFORNIA	18
3	BAJA CALIFORNIA SUR	1
4	CHIAPAS	6
5	CHIHUAHUA	14
6	COAHUILA	10
7	COLIMA	8
8	DISTRITO FEDERAL	358
9	DURANGO	4
10	GUANAJUATO	15
11	GUERRERO	4
12	HIDALGO	5
13	JALISCO	111
14	MÉXICO	148
15	MICHOACÁN	8

N°	ENTIDAD FEDERATIVA	TOTAL EMPRESAS
16	MORELOS	7
17	NUEVO LEÓN	58
18	OAXACA	1
19	PUEBLA	17
20	QUERÉTARO	9
21	QUINTANA ROO	3
22	SAN LUIS POTOSÍ	11
23	SINALOA	8
24	SONORA	7
25	TABASCO	1
26	TAMAULIPAS	6
27	TLAXCALA	3
28	VERACRUZ	13
29	YUCATÁN	8
30	ZACATECAS	1

50.- ¿Cuántas armas adquieren las empresas autorizadas de seguridad privada en México?

De acuerdo con datos proporcionados por el Registro de Armamento y Equipo de Seguridad Privada, en 2007 se registraron únicamente 181 armas, número que aumentó a 953 en 2009.[53] Datos de la Sedena indican que de 2006 a 2008 se vendieron 2 mil 784 pistolas y 2 mil 658 revólveres a agencias de seguridad privada.[54]

Información obtenida de la Sedena a través de Infomex indica que la institución divide la oferta de armas en tres rubros:

Venta al mostrador al público en general, que incluye pro-

[53] Cuenca, Alberto, et.al., "Seguridad privada, negocio sin control" en *El Universal*, 24 de mayo de 2010, *http://www.eluniversal.com.mx/nacion/177912.html*

[54] Solicitud de información presentada a través de Infomex el 7 de enero de 2009 con número de folio 0000700001309; respuesta con fecha de 23 de enero de 2009.

tección de domicilio, protección parcelaria, tiradores deportivos y cazadores.

Gobiernos de los estados de la República y dependencias federales.

Empresas privadas.

La venta a estas últimas alcanzó su nivel máximo en 2009 con 17 mil 642 piezas, cuando en 2015 llegó a 10 mil 97.[55] Por otro lado, según datos entregados por la Sedena a la Tesorería de la Federación, de 2010 a 2015 dichas empresas adquirieron 45 mil 255; si en 2010 compraron 3 mil 139, para 2014 el volumen fue de 13 mil 875.[56]

Mediante una solicitud de información a la Secretaría de Seguridad Pública en abril de 2013, se obtuvo el dato de que 33 mil 646 armas habían sido adquiridas hasta entonces por empresas de seguridad privada que prestaban sus servicios en dos o más entidades federativas, cifra que rebasa las cantidades declaradas por otras instancias.[57]

En este negocio es notable la participación de policías, funcionarios públicos y exmilitares, y aún más significativo es el hecho de que 9 de cada 10 permisos son otorgados a exmilitares. Además, se estima que el 80% de los escoltas de seguridad privada son policías públicos en activo. Actividades como negociaciones en casos de secuestro, espionaje e investigaciones privadas son realizadas en su mayor parte por policías o exmilitares.[58]

La informalidad con la que operan las agencias de seguridad privada comienza a ser uno de los problemas que presentan, junto con la base de datos incompleta del Sistema Nacional de Empresas de Seguridad Privada, los escoltas que portan armas de fuego sin licencia y el bloqueo de mejoras a las regulaciones del servicio por parte de los propietarios.[59]

---

[55] *http://www.eluniversal.com.mx/articulo/periodismo-de-investigacion/2016/03/27/se-dispara-venta-legal-de-armas-en-el-pais*

[56] *http://www.zocalo.com.mx/seccion/articulo/entre-2010-y-2015-sedena-vendio-255-mil-712-armas-1454442266*

[57] Solicitud de información presentada a través de Infomex el 18 de marzo de 2009 con número de folio 0002200028513. Respuesta con fecha 2 de abril de 2013.

[58] Cuenca, Alberto, *et. al.*, *op. cit.* nota 122.

[59] Ídem.

51.- ¿La restricción de las leyes en materia de portación de armas de fuego tiene alguna relación con la proliferación de agencias de seguridad privada?

En cierto sentido, sí. Ante la complejidad que la ley respectiva implica para cualquier persona que quiera ejercer su derecho fundamental a la posesión de armas de fuego, la alternativa –y esto sólo en el caso de las personas de estratos medios y altos– es identificar opciones para su protección, las cuales son ofrecidas por las agencias o empresas de seguridad privada. Es claro, pues, que esta opción sólo beneficia a un sector muy reducido de la comunidad; la mayoría se encuentra indefensa porque el Estado no puede asegurar su protección, no tiene acceso a seguridad privada por sus altos costos y no cuenta con una ley amigable para portar armas de fuego para la legítima defensa de su integridad física, la de su familia y de su patrimonio.

52.- ¿En qué consiste el delito de portación ilegal de armas de fuego?

El delito de portación ilegal de armas de fuego se materializa cuando un ciudadano lleva consigo un arma de fuego sin contar con la licencia correspondiente. Quedan exentos del requisito de licencia los ejidatarios, jornaleros o comuneros que porten el arma de fuego fuera de zonas urbanas.[60]

De acuerdo con Ruiz Sánchez, para que se configure este delito basta tener el arma al alcance inmediato, aun cuando se encuentre descargada o cubierta.[61] Por ejemplo, si una persona la guarda en la cajuela de su auto, no se considera que se halle al alcance inmediato; en tal caso se está en el supuesto de que el individuo sólo posee ilegalmente el arma –es decir que la porta fuera de su domicilio–, caso en el cual se hace acreedor únicamente a sanciones administrativas.[62]

---

[60] Artículo 9 de la LFAFE publicada en el *Diario Oficial de la Federación* el 11 de enero de 1972.

[61] Ruiz Sánchez, Miguel Ángel, *op. cit.*, nota 29, p.33.

[62] *Ibidem*, p. 75.

53.- ¿Cuál es la pena por portar un arma de fuego sin licencia?

El artículo 81 de la LFAFE dice: "Se sancionará con penas de dos a siete años de prisión y de cincuenta a doscientos días multa, a quien porte un arma de las comprendidas en los artículos 9 y 10 de esta Ley sin tener expedida la licencia correspondiente. En caso de que se porten dos o más armas, la pena correspondiente se aumentará hasta en dos terceras partes".[63] Datos del 2006 proporcionados por la Sedena indican que sólo una pistola de cada 300 es portada legalmente.[64]

---

[63] Artículo 81 de la LFAFE, *op. cit.*, nota 128.

[64] Carbonell, Miguel, comentario al artículo 10 constitucional, *Derechos del pueblo mexicano,* colección México a Través de sus Constituciones, 2a ed., Cámara de Diputados/Instituto Federal Electoral/Poder Judicial de la Federación/Porrúa/UNAM-Instituto de Investigaciones Jurídicas, México, 2006, t. XVI, p. 419.

LEGISLACIÓN SOBRE LA POSESIÓN Y PORTACIÓN DE ARMAS DE FUEGO EN MÉXICO DESDE UNA PERSPECTIVA COMPARADA

54.- ¿Qué dicen las leyes sobre la posesión de armas de fuego para la legítima defensa?

En México, el artículo 10 constitucional faculta a todos los ciudadanos para poseer armas de fuego en sus casas con fines de seguridad y legítima defensa. Nótese que la tenencia queda restringida al domicilio de la persona. De acuerdo con la Ley Federal de Armas de Fuego y Explosivos (LFAFE), es responsabilidad de todo aquel que posea un arma registrarla ante la Sedena.

En Estados Unidos, la Segunda Enmienda constitucional permite la tenencia y la portación de armas para seguridad. Pese al gran debate interpretativo sobre ese texto, la Corte Suprema ha confirmado que el derecho conferido por esa enmienda es un derecho fundamental individual.

55.- ¿Cuáles son las instituciones que regulan la posesión y portación de armas de fuego?

En nuestro país, todo lo relativo a la posesión y portación se encuentran reguladas por la Presidencia de la República y las secretarías de Gobernación y de la Defensa Nacional. Al titular del Ejecutivo federal, por conducto de la Segob y la Sedena, le corresponde el control de todas las armas en territorio nacional. A esta última le compete el otorgamiento de licencias de posesión de armas de fuego, así como la venta y el registro de las piezas.[1]

En Estados Unidos, es atribución de la ATF aplicar las leyes en contra del uso ilegal y el tráfico de armas y explosivos; dar asesoría a la industria del ramo sobre las leyes relativas a la compraventa; colaborar con agencias de seguridad pública, comunidades e industrias para proteger a la sociedad estadunidense y brindarle información y entrenamiento, así como para producir conocimiento y fomentar el uso de la tecnología.[2]

En países como Canadá, Australia, Reino Unido y Francia los cuerpos policiales y gendarmerías están facultados para el control, comercialización y adquisición de armas de fuego.

56.- ¿Qué tipo de programas relativos a las armas de fuego ofrecen las instituciones reguladoras de las mismas?

En México, la Segob, la SSP y la Sedena realizan campañas educativas con el fin de reducir la portación y posesión de armas de fuego, contrariamente a lo que dicta el derecho humano al respecto y lo que supone una política paradójica.[3] La Sedena implementó el programa Canje de Armas, consistente en la donación de armas de fuego por parte de los ciudadanos en módulos que instala la institución con ese propósito. Existe otra modalidad de ese programa, la cual es periódica y depende de cada entidad federativa, consistente en el canje de las piezas por despensas, computadoras o dinero en efectivo.[4]

Según datos de la Sedena, hasta 2013 el programa había recaudado un total de 38 mil 790 armas, de las cuales 16 mil 782 fueron largas y 22 mil 8 cortas.[5] El Informe de labores 2014-2015 de la

---

1 Artículo 2 de la Ley Federal de Armas de Fuego y Explosivos, *op. cit.*, nota 128.

2 Agencia de Alcohol, Tabaco, Armas de Fuego y Explosivos, *Our mission, http://www.atf.gov/about/mission/*

3 Artículo 5 de la Ley Federal de Armas de Fuego y Explosivos, *op. cit.*, nota 128.

4 Secretaría de la Defensa Nacional, *Preguntas frecuentes, http://www.sedena.gob.mx/index.php/tramites-y-servicios/registro-federal-de-armas-de-fuego/preguntas-frecuentes*

5 Solicitud de información presentada a través de Infomex el 28 de marzo de 2011 con número de folio 0000700053311. Respuesta con fecha 7 de abril de 2011.

institución (que abarcó del 1 de septiembre de 2014 al 31 de agosto de 2015) dio cuenta de los siguientes canjes: armas de fuego, 11 mil 578; cartuchos de diferentes calibres, 463 mil 717, y granadas, 538.[6]

En Estados Unidos se observa algo muy distinto: La ATF organiza programas en beneficio de comerciantes de armas para detectar compras ilegales; está presente en todo evento relacionado con la industria del ramo, en espectáculos de tiro y en conferencias nacionales; realiza investigación en la materia y publica estudios especializados; difunde videos en línea sobre la prevención de violencia con armas de fuego y emite regulaciones.[7]

57.- ¿Qué tan efectivas son las campañas de desarme voluntario en nuestro país?

Resultan poco efectivas porque la mayoría de las armas canjeadas son antiguas o están deterioradas, razón por la cual es poco probable que hayan sido usadas o que aún puedan funcionar. En el caso de los delincuentes, es lejana la posibilidad de que entreguen sus armas, pues ello los pondría en riesgo de confrontarse con las autoridades. Factores como éstos impiden que el programa dé los resultados para los que fue implementado: ni evita accidentes domésticos (de hecho, como decíamos, la mayor parte de las armas funciona mal o no funciona) ni desarma a los delincuentes.

Una de las "ventajas" de esta campaña es que quienes canjean las armas pueden recibir productos diversos, como despensas y aparatos electrodomésticos. Iniciativas como la indicada se basan en la falsa idea de que las armas son peligrosas *per se* y de que fomentan la violencia, la inseguridad y el temor entre la sociedad, cuando la realidad indica lo contrario. Además, la socialización de estos prejuicios mediante la puesta en marcha de campañas como la descrita desincentiva a la población a ejercer un derecho humano y alimenta el rechazo a las armas de fuego.

---

[6] *http://www.sedena.gob.mx/pdf/informes/3er_informe_de_labores.pdf*, p. 112.

[7] Agencia de Alcohol, Tabaco, Armas de Fuego y Explosivos, *Firearms Industry, http://www.atf.gov/firearms/industry/*

58.- ¿Existen en el país centros de entrenamiento para el manejo correcto de armas de fuego para la legítima defensa?

En México existen muy pocos lugares donde se imparte este tipo de entrenamiento, lo que revela una de las insuficiencias de la LFAFE. Por el contrario, tanto Canadá como Estados Unidos cuentan con varios de ellos. La Asociación Nacional del Rifle de este último país ofrece un amplio catálogo de cursos, certificados por la misma agrupación: desde los básicos para aprender a manejar el arma y disparar hasta los especializados para convertirse en instructor.[8]

En México existen algunos clubes de caza y establecimientos particulares en los que, con permiso de la Sedena, se ofrecen cursos para el uso de armas de fuego y prácticas de tiro. A diferencia de Canadá y Estados Unidos, estos cursos van dirigidos principalmente a escoltas, personal de seguridad, deportistas, cazadores y, en algunos casos, a civiles interesados en su autoprotección.

59.- ¿Hay asociaciones en México que apoyen la portación de armas de fuego?

Además de los clubes de tiro (que no se encuentran vinculados al activismo en pro de la portación de armas de fuego para la legítima defensa) está el portal México Armado,[9] que defiende la cultura responsable de las armas y publica notas interesantes al respecto. A su vez, la Federación Mexicana de Tiro y Caza, A. C. (Femeti) regula a las organizaciones afines con un enfoque deportivo y no de entrenamiento para la legítima defensa.[10]

En agosto de 2012 un grupo de tiradores, cazadores, académicos y ciudadanos interesados en la adquisición de armas de fuego para la legítima defensa constituyó la Asociación por la Defensa del Artículo 10 Constitucional, cuya finalidad es promover reformas al citado artículo que permitan el me-

[8] Asociación Nacional del Rifle, *Certified Courses, http://www.nrainstructors.org/CourseCatalog.aspx*

[9] México Armado, *www.mexicoarmado.com*

[10] Federación Mexicana de Tiro y Caza, A. C., *http://www.femeti.org.mx*

jor ejercicio del derecho humano a poseer y portar armas para la seguridad y la legítima defensa. Entre las actividades de la agrupación están la elaboración y difusión de documentos educativos, así como la realización de conferencias y seminarios que permitan concientizar a la población respecto del uso responsable de las armas de fuego.

En los Estados Unidos, la Asociación Nacional del Rifle es la organización más importante en cuanto al apoyo a la Segunda Enmienda. Tiene representaciones estatales y recibe incluso financiamiento de empresarios, celebridades y corporaciones. En contraste con lo que se observa en México, varias organizaciones de tiro y caza estadunidenses se encuentran vinculadas con la defensa del derecho constitucional a la posesión de armas de fuego.[11]

60.- ¿Cómo se clasifican las armas de fuego en México?

De la siguiente manera:

Armas prohibidas por la ley. Según lo estipulado por el artículo 12 de la LFAFE, las armas prohibidas son las designadas como tales por el Código Penal Federal, que, sin embargo, no especifica cuáles son. Ruiz Sánchez opina que, de acuerdo con la legislación penal, un arma prohibida puede ser toda aquella utilizada para agredir. Además, considera que un arma de fuego prohibida debe ser la de grueso calibre y de portación restringida.[12]

Armas de uso exclusivo del Ejército. El artículo 11 de la LFAFE estipula que, en general, toda arma destinada exclusivamente a la guerra será clasificada dentro de esta categoría. Se trata de las siguientes:

–Revólveres calibre .357 Magnum y los superiores a .38 Especial.

–Pistolas calibre 9 mm. Parabellum, Luger y similares, las .38 Super y Comando, y las de calibres superiores.

–Fusiles, mosquetones, carabinas y tercerolas en calibre

[11] Asociación Nacional del Rifle, "Friends of NRA", *www.friendsofnra.org/*

[12] Ruiz Sánchez, Miguel Ángel, *op. cit.*, nota 8, p. 29.

.223, 7 mm., 7. 62 mm. y carabinas calibre .30 en todos sus modelos.

–Pistolas, carabinas y fusiles con sistema de ráfaga, subametralladoras, metralletas y ametralladoras en todos sus calibres.

–Escopetas con cañón de longitud inferior a 635 mm. (25), las de calibre superior al 12 (.729 ó 18. 5 mm) y las lanza gases, con excepción de las de uso industrial.

–Municiones para las armas anteriores y cartuchos con artificios especiales como trazadores, incendiarios, perforantes, fumígenos, expansivos de gases y los cargados con postas superiores al 00 (.84 cm de diámetro) para escopeta.

–Cañones, piezas de artillería, morteros y carros de combate con sus aditamentos, accesorios, proyectiles y municiones.

–Proyectiles-cohete, torpedos, granadas, bombas, minas, cargas de profundidad, lanzallamas y similares, así como los aparatos, artificios y máquinas para su lanzamiento.

–Bayonetas, sables y lanzas.

–Navíos, submarinos, embarcaciones e hidroaviones para la guerra naval y su armamento.

–Aeronaves de guerra y su armamento.

–Artificios de guerra, gases y substancias químicas de aplicación exclusivamente militar, y los ingenios diversos para su uso por las Fuerzas Armadas.[13]

Armas permitidas. Son las contenidas en los artículos 9 y 10 de la ley del ramo:

–Pistolas de funcionamiento semiautomático de calibre no superior al .380 (9 mm), quedando exceptuadas las pistolas calibres .38 Super y .38 Comando, y también en calibres 9 mm, las Mauser, Luger, Parabellum y Comando, así como modelos similares del mismo calibre de otras marcas.

–Revólveres en calibres no superiores al .38 Especial, quedando exceptuado el calibre .357 Magnum.

–Las que integren colecciones de armas.[14]

Las armas que podrán autorizarse para caza o tiro son:

[13] Artículo 9 de la Ley Federal de Armas de Fuego y Explosivos, op.cit., 92 nota 128.

[14] *Ibidem*, artículo 10.

–Pistolas, revólveres y rifles calibre .22, de fuego circular.

–Pistolas de calibre .38 con fines de tiro olímpico o de competencia.

–Escopetas en todos sus calibres y modelos, excepto las de cañón de longitud inferior a 635 mm (25), y las de calibre superior al 12 (.729 ó 18. 5 mm).

–Escopetas de tres cañones en los calibres autorizados en la fracción anterior, con un cañón para cartuchos metálicos de distinto calibre.

–Rifles de alto poder, de repetición o de funcionamiento semiautomático, no convertibles en automáticos, con la excepción de carabinas calibre .30, fusil, mosquetones y carabinas calibre .223, 7 y 7.62 mm y fusiles Garand calibre .30.

–Rifles de alto poder de calibres superiores a los señalados en el inciso anterior, con permiso especial para su empleo en el extranjero, en cacería de piezas mayores no existentes en la fauna nacional.[15]

En el caso de Estados Unidos, la clasificación de la Ley Nacional de Armas de Fuego (National Firearms Act) no está en función de la autorización para adquirir el arma, sino del tipo de pieza y sus características.

En Canadá, las armas se clasifican como no restringidas, restringidas y prohibidas:

No restringidas: Cualquier rifle o escopeta que no esté restringido o prohibido.

Restringidas: De acuerdo con el Código Penal canadiense, son las siguientes:

–El revólver, que no es un arma prohibida.

–El rifle, un arma semiautomática de percusión central que no es prohibida y cuya longitud de cañón es inferior a 470 mm.

–Rifle o escopeta que pueda descargarse hasta que su longitud global se reduzca a menos de 660 mm.

–Cualquier arma de fuego prescrita como "restringida" por reglamento: Colt AR-15; Colt AR-15 SPI; Colt AR-15 Sporter; Colt AR-15 Collapsible Stock Model; Colt AR-15 A2; Colt AR-15

[15] *Idem.*

A2 Carbine; Colt AR-15 A2 Government Model Rifle; Colt AR-15 A2 Government Model Target Rifle; Colt AR-15 A2 Government Model Carbine; Colt AR-15 A2 Sporter II; Colt AR-15 A2 H-BAR; Colt AR-15 A2 Delta H-BAR; Colt AR-15 A2 Delta H-BAR Match; Colt AR-15 9mm Carbine; Armalite AR-15; AAI M15; AP74; EAC J-15; PWA Commando; SGW XM15A; SGW CAR-AR; SWD AR-15; Mitchell M-16A-1/22, Mitchell M-16/22, Mitchell CAR-15/22, AP74 Auto Rifle.

Prohibidas: Son las siguientes, de acuerdo con el Código Penal canadiense:

–Revólver con cañón de longitud de 105 mm o menor.

–Revólver diseñado o adaptado para descargar municiones de 25 ó 32 calibres.

–Rifle o escopeta que ha sido alterado para que su longitud sea menor de 660 mm.

–Rifle o escopeta que ha sido alterado para que la longitud de su cañón sea menor de 457 mm, cuando la longitud del arma es de 660 mm o mayor.

–Arma de fuego automática o arma de fuego modificada para ser automática.[16]

61.- ¿Cuáles son las armas que en México pueden poseer los civiles para su legítima defensa?

En nuestro país, las armas de fuego autorizadas para la legítima defensa son las enunciadas por el artículo 9 de la LFAFE: principalmente pistolas semiautomáticas y revólveres no superiores a los 9 mm. Cabe señalar que el principal problema de las armas de fuego susceptibles de ser autorizadas para su posesión es que no son las idóneas para la legítima defensa, pues en la mayor parte de los casos carecen de la capacidad de contención del agresor.

En Estados Unidos prácticamente se puede estar en posesión de todo tipo de armas, incluso metralletas, con autorización previa del gobierno federal. Lo mismo ocurre en Canadá,

[16] Canada Border Services Agency, *Importing a firearm or weapon into Canada, http://www.cbsa-asfc.gc.ca/publications/pub/bsf5044-eng.html#P004*

donde los ciudadanos pueden tener legalmente armas de fuego prohibidas siempre que las hayan registrado con anterioridad a su prohibición y hayan mantenido válidos sus certificados de registro.[17]

62.- ¿Las armas de aire comprimido y de gas CO_2 se encuentran reguladas bajo los mismos términos que las armas de fuego?

No. El artículo 41 de LFAFE establece que ésta y su Reglamento sólo serán aplicables a las armas de fuego incluidas en los artículos 9 y 10, a los cañones industriales y a las partes constitutivas de dichas armas. Luego entonces, las de aire –utilizadas normalmente para la práctica del paintball o gotcha–, las de CO_2 y las de gas carbónico no son materia de la ley ni de su Reglamento, por lo que no deben ser registradas ni quedan sujetas a expedición de permisos de transportación o portación.

El artículo 13 de la ley citada restringe el uso de este tipo de armas al sitio de trabajo o al local donde se practique el deporte, y exige demostrar que su transportación es para efectos de la práctica deportiva.[18] La importación y exportación de ese tipo de armas sí requieren de un permiso especial de la Sedena. Sin embargo, no existe disposición legal alguna que indique la manera específica en que podrá justificarse su transporte para actividades recreativas, lo que dejará tal consideración al criterio de la autoridad.

En Estados Unidos, las armas de aire comprimido, de CO_2 y de gas carbónico no se encuentran reguladas a nivel federal y son pocos los estados de ese país que han emitido legislaciones al respecto. Lo que sí se establece es que deben ser usadas únicamente dentro de la propiedad del individuo o en lugares públicos destinados a la práctica de tiro con ese tipo de armas y con los equipos de seguridad necesarios.[19]

---

[17] Royal Canadian Mounted Police, *Prohibited firearms, http://www.rcmp-grc.gc.ca/cfp-pcaf/fs-fd/prohibited-prohibe-eng.htm*

[18] Solicitud de información presentada a través de Infomex el 25 de febrero de 2013 con número de folio 0000700035013. Respuesta con fecha 4 de marzo de 2013.

[19] Agencia Federal de Alcohol, Tabaco, Armas de Fuego y Explosivos, *Frequent-*

63.- ¿Cuáles son los requisitos para adquirir un arma de fuego en México?

Son los siguientes:

–Obtener permiso extraordinario de arma de fuego

–Fotocopia de cartilla del Servicio Militar liberada o acta de nacimiento en el caso de personas mayores de 40 años (para personas del sexo masculino).

–Fotocopia del acta de nacimiento (para personas del sexo femenino).

–En caso de ser extranjero, documento que acredite su calidad legal de inmigrado en el país.

–Original de carta de trabajo donde se especifique puesto, antigüedad y percepciones.

–Original de no antecedentes penales.

–Comprobante de domicilio.

–Identificación con fotografía.

–Fotocopia de la Clave Única del Registro de Población.

–Para armas de tiro o cacería, fotocopia de la credencial de club cinegético[20] –en su portal de internet la Sedena solicita menos documentos.[21]

En Estados Unidos se establece por lo general que quienes deseen adquirir cualquier tipo de pistola deben tener al menos 21 años. Las personas mayores de 18 años pueden poseer rifles y escopetas. Algunos estados exigen un permiso para la adquisición de armas de fuego; los requisitos: constancia médica que avale salud mental y certificado de acreditación de un curso sobre el uso seguro de armas de fuego, entre otros.

A nivel federal, la Ley de Control de Armas (Gun Control Act) niega el permiso en caso de que el solicitante padezca alguna enfermedad mental; haya purgado sentencia de un año de prisión o más, o sentencia por crímenes relacionados con violen-

---

ly Asked Questions, Firearms Technology, disponible en: *http://www.atf.gov/firearms/faq/firearms-technology.html*

[20] Solicitud de información presentada a través de Infomex el 13 de abril de 2009 con número de folio 0000700056409. Respuesta con fecha 30 de mayo de 2009.

[21] *http://www.gob.mx/sedena/acciones-y-programas/sedena-02-025*

cia doméstica, agresión o amenazas; sea migrante indocumentado o fugitivo de la justicia; militar dado de baja o consumidor de estupefacientes de manera ilegal, entre otros aspectos.[22]

64.- ¿Qué clase de permisos existen en México para comercializar armas de fuego?

–*El general*, que se extiende a personas dedicadas a actividades inherentes a las armas de fuego de manera permanente.

–*El ordinario*. Se expide en cada caso para la realización de operaciones mercantiles.

–*El extraordinario*. Se otorga a quienes eventualmente realicen operaciones con armas de fuego.[23]

La Ley Nacional de Armas de Fuego estadunidense prevé 11 tipos de licencias federales que regulan las actividades de los comerciantes y manufactureros de armas de fuego.[24]

65.- ¿Cuál es el permiso indicado en México para comprar un arma de fuego para legítima defensa?

El extraordinario. En Estados Unidos sólo algunos estados requieren de licencia para comprar armas de fuego.

66.- ¿Cuánto tiempo tarda en el país la expedición de un permiso extraordinario para adquirir armas de fuego?

De 10 a 15 días. Para la portación, el tiempo de espera es de 51 días hábiles.[25] Como se comentó en la respuesta anterior, en Estados Unidos no se requiere permiso alguno, aunque algunos estados (Distrito de Columbia) manejan periodos de espera que oscilan entre las 48 horas hasta las dos semanas (Connecti-

---

[22] Agencia de Alcohol, Tabaco, Armas de Fuego y Explosivos, *Ley de Control de Armas, http://www.atf.gov/regulations-rulings/laws/*

[23] Artículo 42 de la Ley Federal de Armas de Fuego y Explosivos, *op. cit.*, nota 128.

[24] Agencia de Alcohol, Tabaco, Armas de Fuego y Explosivos, *How to become a Federal Firearms Licensee, http://www.atf.gov/firearms/how-to/become-an-ffl.html*

[25] Solicitud de información presentada a través de infomex el 18 de marzo de 2013 con número de folio 0000700049213. Respuesta con fecha 1 de abril de 2013.

cut). Este lapso de tiempo se utiliza regularmente para realizar los trámites de la compraventa y verificar si la persona interesada en adquirir el arma de fuego cuenta o no con antecedentes penales.[26]

67.- ¿Qué dicta en México la regulación sobre venta de cartuchos?

Para las armas permitidas a los particulares, el artículo 50 de la Ley Federal de Armas de Fuego y Explosivos dispone que el límite de cartuchos que pueden ser vendidos es de 500 calibre 22; mil para escopeta y 200 para otras armas permitidas. La venta no podrá realizarse si el comprador no se identifica con su licencia de portación y si no cuenta con la constancia de registro del arma, o si pretende comprar cartuchos para un arma distinta de la registrada (arts. 51 y 53 del Reglamento).

Un requisito adicional para deportistas lo constituye la presentación de talonarios expedidos por clubes de caza o tiro; la finalidad de ello es impedir que se exceda del límite de municiones permitidas por la ley (art. 52 del Reglamento). No se encuentra regulación alguna respecto a la periodicidad con la que se deban adquirir municiones, pero la costumbre marca un periodo de espera de un mes. De acuerdo con el artículo 83 Quat. de la ley, la posesión de una cantidad de cartuchos que exceda la permitida es sancionada con pena privativa de la libertad.

En Estados Unidos, la Ley Federal de Municiones contiene provisiones relativas a las armas de fuego, los componentes para su fabricación y la venta de municiones. La ley prohíbe la venta de municiones y armas de fuego a las personas que hayan sido sentenciadas por posesión de armas de fuego, violencia doméstica o sobre las que pesa una orden de restricción.

Además de las anteriores limitantes, la venta de municiones no está sujeta a ningún requisito, con excepción de lo que disponen las leyes de algunos estados. Los vendedores no requieren de permiso especial, llevar registro de las ventas de cartuchos o de inquirir a los compradores respecto de su edad. Es importan-

---

[26] Legal Community Against Violence, *Waiting Periods, 2008, www.lcav.org/content/waiting_periods.pdf*

te señalar que las leyes federales no se pronuncian sobre la venta de municiones vía mail o transacciones mediante internet.[27]

68.- ¿Cuáles son los requisitos para poseer un arma de fuego en México y Estados Unidos?

A partir de solicitudes de información a la Sedena, la dependencia hizo una distinción entre posesión y adquisición; respondió que no existen requisitos para la posesión de un arma de fuego en México, puesto que es un derecho fundamental consagrado en la Constitución, aun cuando indicó que sí es obligación de todo aquel que posea un arma de fuego registrarla ante la secretaría.

De igual forma, la tenencia de armas de fuego es un derecho de los ciudadanos de Estados Unidos y sólo algunos estados de ese país exigen permiso previo a la adquisición. Automáticamente dicha licencia faculta al individuo para la posesión.

Si bien en los casos de México y Estados Unidos no existe ninguna ley que estipule requisito alguno para poseer un arma de fuego, sí es necesario cumplir con ciertas condiciones para adquirirla (véase *Pregunta 56*).

69.- En el caso de México, si un ciudadano registró un arma para protección de domicilio, ¿puede también utilizarla para algún deporte cinegético?

Sí. Es posible que el arma que se adquirió para un propósito específico sea utilizada para otro. Sin embargo, la pieza sólo puede ser destinada a un único uso, es decir, para defensa y protección de domicilio o para la práctica de un deporte cinegético o de tiro. En caso de que el propietario se decida por el cambio de uso, es necesario que haga una "rectificación de datos" en el Registro. Para dicho trámite se requiere:

–Acudir personalmente a la Sedena

[27] Law Center to Prevent Gun Violence, *Ammunition Regulation Policy Summary*, 2012, disponible en: *http://smartgunlaws.org/ammunition-regulation-policy-summary/*

–Presentar el arma descargada, envuelta o en funda

–Original y copia de identificación vigente con fotografía, comprobante de domicilio y CURP

–Realizar pago de derechos

–Comprobante de pertenencia a un club de tiro o documento que ampare que el interesado es ejidatario, jornalero o comunero.[28]

En Estados Unidos, el registro de armas es únicamente obligatorio para importadores y fabricantes de armas, por lo que el particular que posea una de éstas puede darle el uso que considere adecuado.

70.- ¿Cuáles son los requisitos para crear un club cinegético en el país?

Los artículos 17 y 19 del Reglamento de la LFAFE disponen los siguientes requisitos:

–Original de la opinión favorable de la Secretaría de Seguridad Pública

–Copia del acta constitutiva de ese club, certificada por notario público

–Copia de sus estatutos (normas internas de funcionamiento), certificada por notario público

–Original de la opinión favorable del gobernador constitucional del estado o del Jefe de Gobierno del Distrito Federal (ahora Ciudad de México), en su caso

–Original de la opinión favorable del presidente municipal de ese lugar o del delegado del gobierno del Distrito Federal (ahora Ciudad de México) correspondiente en su caso

–Fotocopia certificada por notario público de la constancia de su registro en la federación que corresponda (Femeti y/o Femeca)

–Fotocopia certificada por notario público de la constancia de su registro ante la Secretaría de Medio Ambiente y Recursos Naturales (Semarnat)

---

[28] Solicitud de información presentada a través de Infomex el 13 de febrero de 2013 con número de folio 0000700028213. Respuesta con fecha 21 de febrero de 2013.

–Croquis acotado de la localización del campo de tiro, en el cual se señale que cuenta con accidentes topográficos en sus cuatro puntos cardinales y que se encuentra a una distancia mínima de 1,000 metros de lugares habitados, vías de comunicación, líneas eléctricas y telegráficas

–Plano detallado de las instalaciones con que cuenta el referido campo de tiro

–Fotocopia certificada por notario público del documento no objetable que compruebe la propiedad del terreno que ocupan las instalaciones del citado campo de tiro

–Relación de socios, en orden alfabético de apellidos, con anotación de domicilio particular y características de sus armas, así como los números de los folios con que fueron manifestadas ante el Registro Federal de Armas

–El compromiso por escrito de:

a) Sólo permitir el uso de las armas autorizadas a sus socios o invitados

b) Que únicamente se usarán las armas en los lugares autorizados para ello y en las condiciones que fija la ley

c) Que darán aviso por escrito sobre las altas y bajas de sus socios

d) Que remitirán mensualmente una relación de armas en uso, anotando los números de los folios con que fueron manifestadas ante el Registro Federal de Armas

e) Que los miembros de esa agrupación aceptan que permitirán, cuando la Sedena lo considere necesario, se inspeccionen las armas que poseen

f) Que cumplirán con los demás requisitos que señale la Sedena

En dicho compromiso, con la firma de todos los socios de ese club, se ratificará la aceptación de las normas, leyes legalidad y conductas deportivas correspondientes; asimismo, se deberá tener presente el compromiso de admitir como socios a verdaderos deportistas conscientes de la responsabilidad que implica el uso de armas de fuego.

No se permite utilizar armas calibre 9 mm o superiores en los campos de tiro, excepto a los cuerpos policiacos, con autorización del presidente del club. Estos requisitos son los mismos para poder registrar el club ante la Sedena.[29]

En Estados Unidos, las provisiones más importantes en materia de clubes cinegéticos se encuentran estipuladas a nivel federal, estatal y municipal. Si bien éstas varían de acuerdo con los estados, las reglas más importantes a seguir conciernen a la protección ambiental; diseño de las instalaciones que garantice la práctica de una amplia gama de actividades de tiro; reglas fiscales y de seguridad, como el uso de protectores auditivos y visuales; presencia de oficiales de tiro en los campos, y reglas de seguridad para el manejo del arma posteriores a su uso en la práctica.

71.- Si un ciudadano mexicano adquiere un arma de manera legal, ¿puede portarla fuera de su domicilio?

No. En México es necesario promover un permiso de portación ante la Sedena, puesto que la posesión y portación del arma de fuego son dos acciones distintas.

En Estados Unidos, alrededor de 39 estados reconocen el derecho de portar armas de fuego, y aunque se solicita la expedición del permiso respectivo, éste es un requisito meramente administrativo, previo cumplimiento de las disposiciones de cada estado. California y Nueva York tienen leyes restrictivas, mientras que Alaska, Arizona y Vermont los requisitos son más accesibles. Illinois no permite la portación.[30]

72.- ¿Cuáles son los requisitos para que un ciudadano mexicano pueda portar un arma de fuego en su país?

Son los siguientes:

–Tener un modo honesto de vivir, con certificado de la primera autoridad administrativa del lugar, y en el Distrito Federal (hoy Ciudad de México), con el certificado del delegado respectivo

–El cumplimiento del Servicio Militar Nacional

---

[29] Sedena, *Preguntas frecuentes*, disponible en: *http://www.gob.mx/sedena/acciones-y-programas/armas-de-fuego-19734*

[30] Asociación Nacional del Rifle, *Right to Carry 2010, http://www.nraila.org/Issues/factsheets/read.aspx?ID=18*

–La capacidad física y mental para el manejo de armas comprobada con certificado médico

–El no haber sido condenado por delitos cometidos con armas

–No consumir drogas, enervantes o psicotrópicos

73.- ¿Cómo se puede probar que se tiene la necesidad de portar un arma de fuego para seguridad propia y legítima defensa?

En el caso de México, entregando documentación y exponiendo los motivos que justifiquen su necesidad de portarla en razón de la ocupación, circunstancias especiales del lugar donde se vive o cualquier otro motivo justificado.[31]

En lo que respecta a Estados Unidos, cada estado tiene la facultad de regular en materia de portación. Entre los requisitos generales están: ser mayor de edad, no tener ninguna prohibición para poseer arma de fuego y ser residente del estado en cuestión. Algunas jurisdicciones exigen a los solicitantes tomar un curso de entrenamiento.[32]

74.- ¿Es necesario tomar cursos para poder poseer y portar armas de fuego?

En México no es necesario someterse a este tipo de preparación. En Estados Unidos eso depende de las leyes estatales. En Canadá, la ley obliga a tomar cursos y realizar exámenes especiales para poder adquirirlas y obtener licencia de posesión.

En Francia, el interesado debe realizar tres sesiones de tiro controladas durante un año, con al menos dos meses de diferencia entre una y otra, para obtener la carta de alguna federación deportiva, sin la cual es imposible la adquisición de un arma de manera legal.

75.- ¿Cuántas solicitudes de portación de armas se han recibido y cuántas se han aprobado en los últimos años en México?

---

[31] Artículo 26 de la LFAFE, *op. cit.*, nota 128.

[32] Estado de Wisconsin, *Wisconsin's new carrying concealed weapon. Questions and answers, 2008, http://www.doj.state.wi.us/dles/cib/ConcealedCarry/ccw_frequently_asked_questions.pdf*

En 2011, la Sedena recibió 402 solicitudes de personas físicas, de las cuales autorizó únicamente 241.[33] En 2012 fueron 291 peticiones y concedió sólo 49. Hasta abril de 2013 tenía registro de 58 solicitudes presentadas y seis autorizadas.[34] Del 1 de enero al 3 de marzo de 2014 se recibieron cuatro y ninguna fue autorizada.[35] Durante 2015 recibió 206; sin embargo, en su respuesta a la solicitud de información presentada la Sedena omitió precisar el número de aprobadas.[36]

A partir del análisis de estas cifras podemos observar que las solicitudes de portación autorizadas son cada vez menores, ya que mientras en 2011 se registró una tasa de aprobación de 59.9%, en 2012 ésta disminuyó a 16.8%; en el primer trimestre de 2013 se concedieron 10.3% de las licencias solicitadas.

En lo que atañe a Estados Unidos, no se dispone de datos tan precisos. Sin embargo, se estima que de 5 a 11% de los adultos en ese país portan armas de fuego en lugares públicos, y de éstos únicamente el 1% tiene permiso para hacerlo.[37]

76.- ¿Cuál ha sido en México el récord de licencias vigentes de portación de armas de fuego en los últimos años?

Las licencias de portación vigentes hasta abril de 2013 sumaron 3 mil 183, cifra que se incrementó en comparación con 2011, cuando existían 3 mil 60, pero disminuyó en 2016 al tenerse un total de 3 mil 76.

A continuación se presenta un cuadro con las licencias particulares individuales vigentes hasta abril de 2013, y posteriormente una tabla que abarca hasta el 2 de marzo de 2016, desglosada por entidad federativa.

---

[33] Solicitud de información presentada a través de Infomex el 8 de abril de 2011 con número de folio 0000700061511. Respuesta con fecha 3 de mayo de 2011.

[34] Solicitud de información presentada a través de Infomex el 18 de marzo de 2013 con número de folio 0002200028513. Respuesta con fecha 2 de abril de 2013.

[35] Actualización con folio: 0000700028514

[36] Solicitud de información presentada a través de Infomex el 6 de enero de 2016 con número de folio 700004816. Respuesta con fecha 2 de marzo de 2016.

[37] Lott, John R., *op. cit.*, nota 53, p. 11.

Abril de 2013[3]				
Entidad	Cantidad	Entidad	Cantidad	
Baja California Sur	2	Morelos	2	
Baja California	9	Nayarit	16	
Campeche	11	Nuevo León	586	
Chiapas	7	Oaxaca	2	
Chihuahua	50	Puebla	27	
Coahuila	11	Queretaro	86	
D.F.	1,786	Quintana Roo	1	
Durango	54	San Luis Potosí	17	
Edomex	296	Sonora	2	
Guanajuato	23	Tabasco	1	
Guerrero	5	Tamaulipas	4	
Hidalgo	2	Tlaxcala	1	
Jalisco	105	Veracruz	36	
Michoacán	26	Yucatán	15	
Subtotal	2,387	Subtotal	796	Total 3,140

[3] Solicitud de información presentada a través de Infomex el 18 de marzo de 2013 con número de folio 0002200028513; respuesta con fecha 2 de abril de 2013.

Hasta el 2 de abril de 2014 el número de licencias sólo varió en el Distrito Federal (ahora Ciudad de México), donde se presentó una disminución de mil 786 a mil 743 licencias.[38]

[38] Actualización a la cual le corresponde el folio 0000700028514.

2 marzo 2016[4]				
Entidad	Cantidad	Entidad	Cantidad	
Baja California Sur	3	Morelos	4	
Baja California	6	Nayarit	16	
Campeche	11	Nuevo León	576	
Chiapas	8	Oaxaca	2	
Chihuahua	47	Puebla	23	
Coahuila	10	Querétaro	90	
Ciudad de México	1,698	Quintana Roo	1	
Durango	53	San Luis Potosí	17	
Edomex	286	Sonora	1	
Guanajuato	26	Tabasco	2	
Guerrero	2	Tamaulipas	4	
Hidalgo	2	Veracruz	35	
Jalisco	101	Yucatán	24	
Michoacán	27	Zacatecas	1	
Subtotal	2,280	Subtotal	796	Total 3,076

[4] Solicitud presentada a través de Infomex con número de folio 0000700064816.

Cabe señalar que la fuente consultada no cuenta con registro alguno de Aguascalientes, Colima y Sinaloa. Zacatecas pasa a tener un registro, y Tlaxcala pasa a no tener ninguno. A comparación con datos de 2009, diez entidades registran una disminución en sus licencias vigentes (Baja California, Baja California Sur, Coahuila, Durango, Guanajuato, Michoacán, Morelos, Querétaro, Tamaulipas y Veracruz); otras nueve tienen más licencias (Chiapas, Chihuahua, Estado de México, Guerrero, Jalisco, Nayarit, Nuevo León, Puebla y San Luis Potosí) y cinco ha mantenido el mismo número (Hidalgo, Quintana Roo, Sonora, Tabasco y Yucatán).

El Distrito Federal (hoy Ciudad de México) presenta una disminución. En 2013 tenía mil 786 registros, en 2014 mil 743, y actualmente mil 698. De las entidades restantes es imposible establecer comparación, ya que no hay estadísticas disponibles de uno o ambos años.

En lo que toca a Estados Unidos, es difícil realizar un cálculo de registros a nivel nacional, puesto que cada estado legisla sobre la portación de armas de fuego. Sin embargo, se tienen estadísticas de 2004 que revelan el porcentaje de adultos con permiso de portación de armas en estados con leyes permisivas; porcentaje que supera al observado en México.[39]

ENTIDAD	PORCENTAJE	ENTIDAD	PORCENTAJE
Dakota del Sur	7.45%	Virginia del Oeste	1.94%
Indiana	6.79%	Arizona	1.76%
Pensilvania	6.76%	Oklahoma	1.75%
Connecticut	5.23%	Montana	1.70%
Washington	5.12%	Michigan	1.70%
Idaho	4.34%	Texas	1.62%
Utah	4.10%	Carolina del Sur	1.39%
Oregon	3.86%	Dakota del Norte	1.34%
Tennessee	3.45%	Carolina del Norte	1.00%
Alabama	3.15%	Missisipi	0.86%
Florida	2.72%	Louisiana	0.62%
Kentucky	2.71%	Nevada	0.58%
Wyoming	2.67%	Minnesota	0.45%
Maine	2.41%	Missouri	0.36%
Arkansas	2.18%	Ohio	0.33%
Virginia	2.11%	Colorado	0.20%
Nuevo México	0.17%		

77.- ¿Cuáles son las causas por las que se puede negar la licencia de portación de arma de fuego?

En México puede ser negada si no se acredita la necesidad de portar el arma de fuego, o si no se acompañan los documentos

[39] Percentage of adults with carry permits in "shall-issue" states, 2004, *http://blogostuff.blogspot.com/2004/12/percentage-of-adults-with-carry.html*

que indica el artículo 26 de la ley respectiva. Ruiz Sánchez argumenta que también es necesario contar con los elementos enunciados en el artículo 163 del Código Penal Federal, fracción II: l otorgar fianza por portación, antecedentes de honorabilidad y testimonios de cinco personas. Ruiz opina que el permiso es extremadamente difícil de otorgar.[40]

En el caso de Estados Unidos, depende de las leyes estatales en la materia. Debido a que los requisitos de portación suelen ser muy básicos, en la mayoría de los estados es poco probable la negación. Si el solicitante tiene un historial de violencia doméstica o antecedentes penales, el permiso le será denegado.

78.- ¿Cuántas quejas se han presentado en la Comisión Nacional de los Derechos Humanos por negación de licencias de portación de arma de fuego?

La CNDH no encuentra en sus registros institucionales ninguna queja emitida por persona alguna relativa a la negación de permiso de portación o de transporte de arma de fuego.[41]

79.- ¿Cuáles son los recursos legales procedentes para impugnar una negación de portación de arma de fuego?

Existen dos procesos posibles: El primero es un procedimiento administrativo consistente en la solicitud de revisión de la negativa; si se insiste en ésta, se recurre al juicio de nulidad, y en última instancia el juicio de amparo directo. El segundo es que el peticionario demande (sin necesidad de agotar el recurso de revisión y el juicio de nulidad) el amparo indirecto.

La diferencia sustancial entre ambos procedimientos es que si se decide agotar todas las instancias, la pretensión del actor es buscar la falta de motivación y fundamentación legal en la negativa (es decir, la violación a lo dispuesto en los artículos 10, 14 y 16 constitucionales). Si se recurre directamente al amparo, entonces el actor pretende demandar la inconstitucionalidad de

[40] Ruiz Sánchez, Miguel Ángel, *op. cit.* nota 29, p.155.

[41] Solicitud de información presentada a través de Infomex el 19 de febrero de 2013 con número de folio 00009113. Respuesta con fecha 19 de marzo de 2013.

los artículos de la LFAFE y de su Reglamento en los que la autoridad fundamente la negación.

En Estados Unidos, si se niega el permiso se envía al interesado, junto con la carta de negativa, información respecto al procedimiento de apelación. El solicitante puede pedir al sheriff de su localidad la revisión de la medida u optar por la vía judicial y apelar ante un juez.

80.- ¿Puede portar armas de fuego un policía cuando no se encuentra en servicio?

No. En el caso de los miembros de las instituciones policiales mexicanas, ellos poseen una licencia oficial colectiva de portación (art. 29 I A de la LFAFE) que los faculta para la portación del "arma de cargo" únicamente cuando se encuentran activos. Los reglamentos internos indican que cuando los policías concluyan su turno laboral, deberán resguardar su equipo en las armerías de las corporaciones en donde prestan sus servicios. Igualmente, deben remitir a la armería municiones, chalecos antibalas y todo instrumento del que hayan sido provistos o que forme parte de su uniforme.

Sin embargo, debido a la inseguridad imperante en el país, y por excepción (no por reglamento), los policías pueden portar el arma incluso fuera de sus horas laborales, siempre que cuenten con un documento de autorización para ello. Esta excepción la justifica el alto riesgo que corren en el desempeño de sus funciones, puesto que son susceptibles de ser atacados por la delincuencia que se dedican a combatir.

En Estados Unidos, la Law Enforcement Officers Safety Act permite la portación de armas de fuego de manera oculta (*concealed firearms*) y sin necesidad de contar con un permiso para ello, a quienes se desempeñen como agentes oficiales o se encuentren retirados. El ordenamiento indica también que las leyes estatales pueden establecer prohibiciones respecto a la portación en edificios gubernamentales, o bien avalar que los particulares prohíban la entrada a sus inmuebles de personas que porten armas de fuego.[42]

---

[42] Law Enforcement Officers Safety Act, art. 926 (B).

81.- ¿Por qué motivos puede ser cancelada una licencia de portación de arma de fuego?

En México, la Sedena puede cancelar el permiso de portación por los siguientes motivos:

–Cuando sus poseedores hagan mal uso de las armas o de las licencias;

–cuando alteren las licencias;

–cuando usen las armas fuera de los lugares autorizados;

–cuando porten un arma distinta a la que ampara la licencia;

–cuando el arma amparada por la licencia se modifique en sus características originales;

–cuando la expedición de la licencia se haya basado en engaño, o cuando a juicio de la Sedena hayan desaparecido los motivos que se tuvieron en cuenta para otorgarla o que por causa superveniente se dejare de satisfacer algún otro requisito necesario para su expedición;

–por resolución de autoridad competente;

–cuando los poseedores cambien de domicilio sin manifestarlo a la Secretaría de la Defensa Nacional;

–cuando no se cumpla con las disposiciones de la LFAFE, su Reglamento o las disposiciones de la Sedena dictadas de acuerdo a estos ordenamientos.[43]

En Estados Unidos, algunas de las razones por las que el permiso de portación puede ser cancelado son: fraude o falsificación de información para la obtención del mismo; hacer mal uso del documento (duplicarlo, prestarlo o usar el arma para hechos delictivos); incurrir en violencia doméstica o portar el arma en lugares prohibidos.

82.- ¿Debe realizarse otro trámite para poder transportar al domicilio propio un arma de fuego recién adquirida?

No. En nuestro país no es necesario este trámite adicional, ya que el permiso extraordinario de adquisición otorga un determi-

[43] Artículo 31 de la LFAFE, *op. cit.*, nota 128.

nado tiempo para que el arma sea transportada hasta el domicilio del adquirente. Dicho tiempo se establece en función de la distancia que éste tenga que recorrer hasta llegar a su domicilio. Sin embargo, en caso de cambio de domicilio sí tiene que solicitar un permiso para transportar el arma.[44]

En Estados Unidos, algunos de los estados permiten a los ciudadanos transportar armas de fuego en sus automóviles sin necesidad de que adquieran un permiso de portación. Algunas de las restricciones para el transporte es que las piezas se guarden en las cajuelas o en las guanteras, que el arma esté descargada y que no sea accesible a ninguna otra persona dentro del automóvil.

83.- Si una persona tiene licencia de portación, ¿puede llevar consigo el arma a cualquier lugar?

No. En nuestro país hay límites territoriales para la portación, los cuales son señalados en la licencia, de acuerdo con el artículo 34 de la ley en la materia. Además, ésta prohíbe la portación en manifestaciones, celebraciones públicas, asambleas y en cualquier tipo de evento público en el que pudiera desatarse un conflicto derivado de la oposición de opiniones.[45]

En Estados Unidos, cada estado es libre de regular los lugares donde pueden ser portadas. Normalmente, los sitios públicos en los que se prohíbe la portación, aun cuando se tenga el permiso respectivo, son: parques públicos, escuelas, guarderías, estadios, hospitales, cortes, estaciones de policía, aeropuertos, parques de diversiones, lugares de culto religioso y cualquier negocio o establecimiento que prohíba expresamente la introducción de armas de fuego.

84.- Si una persona tiene un arma de fuego sin permiso de portación, ¿puede usar el de otra arma de las mismas características?

No. Los permisos de portación registran los números de serie de cada pistola, por lo que no son intercambiables incluso con

[44] Sedena, *Preguntas frecuentes de los permisos, http://www.sedena.gob.mx/index.php/comercializacion-de-armas/preguntas-frecuentes*

[45] Artículo 34 de la LFAFE, *op. cit.*, nota 128.

los de pistolas de las mismas características. Por lo tanto, el interesado debe tramitar permiso de portación para cada una de las armas que quiera extraer de su domicilio. En el caso de Estados Unidos, se aplica el mismo principio.

85.- ¿Cuántas armas de fuego puede adquirir una persona?

En México, la cantidad depende del uso para el que el arma esté destinada:

–Para caza y tiro: 9 armas largas de características deportivas y un arma corta de calibre .22.
–Para colección: no hay límite.
–Para protección y legítima defensa: únicamente un arma de fuego corta.[46]

En Estados Unidos no hay límite legal en cuanto a la compra de armas de fuego. Entidades como California no permiten la adquisición de más de un arma en un periodo menor a 30 días. Sin embargo, en algunos casos éste puede ser más amplio.[47]

86.- ¿Cuál es el fundamento legal para el límite de diez armas impuesto en la legislación mexicana?

El artículo 10 de la Constitución establece que "la ley federal determinará los casos, condiciones, requisitos y lugares en que se podrá autorizar a los habitantes la portación de armas".

Este fragmento del artículo faculta al legislador para que regule cuestiones relativas a los requerimientos para la portación, y se infiere que se detenta esta facultad igualmente para su posesión. Sin embargo, no existe ningún fundamento legal, ni en la ley en la materia ni en su Reglamento, en el cual se sustente este límite de armas, que se fijó sin justificación práctica ni legal alguna a partir de una circular de la Se-

---

[46] Sedena, *Preguntas frecuentes*, *http://www.gob.mx/sedena/acciones-y-programas/armas-de-fuego-19734*

[47] Estado de California, Department of Justice, Frequently asked questions, *http://ag.ca.gov/firearms/pubfaqs.php#22*

dena. El origen de esta limitante se remonta a 1989, cuando se emitió un radiograma en el que un general ordenaba que a los particulares no se les permitiera adquirir más de diez armas de fuego. Hasta el momento se desconoce el origen de esta restricción.

87.- ¿Pueden ser necesarias más de diez armas?

Según los expertos en cinegética y tiradores profesionales, sí. Ellos han expresado la necesidad de que se aumente el número de piezas permitidas para la portación y posesión de los particulares.

Dichas necesidades emanan de las exigencias de los deportes mismos, así como del número de personas que comparten domicilio, que compiten en disciplinas de tiro y que debido a esta restricción numérica se ven obligados a compartir un arma o a utilizarla para disciplinas que exigen diferentes tipos de piezas o de calibres, lo cual dificulta la práctica del deporte en cuestión y altera los resultados de competición.

En lo relativo a las armas de fuego para protección y legítima defensa, el artículo 21 del Reglamento establece que pueden poseerse más de dos en un solo domicilio, aunque tendrá que justificarse esa necesidad. Esta disposición burocrática impide que, en caso de una tentativa de robo a casa habitación, más moradores puedan armarse, lo que dificulta la legítima defensa de éstos, ya que puede haber más de un sujeto armado intentando irrumpir en el domicilio.

88.- ¿Qué debe hacer una persona si le roban el arma para la que tenía licencia de portación?

La Sedena aconseja lo siguiente:

–Presentarse en el módulo del Registro Federal de Armas de Fuego y entregar lo siguiente:

–Original y copia de identificación vigente con fotografía, comprobante de domicilio y CURP;

–copia certificada del acta levantada ante el Ministerio Público, y

–realizar un pago en cualquier institución bancaria por $35.00.[48]

En Estados Unidos, cada entidad del país regula el procedimiento para reportar armas de fuego robadas. Mientras que algunas leyes fijan plazos específicos para que los propietarios realicen el reporte de robo, otras no lo hacen. En estados como Massachusetts, si el propietario no reporta el robo se le puede revocar su licencia de portación de manera indefinida.[49]

89.- Cuando muere una persona que poseía armas de fuego legalmente, ¿qué debe hacerse con las piezas?

Si un familiar de la persona fallecida está interesado en poseer el arma o las armas, entonces procede un cambio de propietario, para lo cual se requiere que el solicitante sea mayor de 18 años y se presente en el Módulo del Registro Federal de Armas de Fuego más cercano a su domicilio con la pieza o piezas descargadas, envueltas o en su funda, identificación oficial vigente con fotografía, documento que compruebe el parentesco, comprobante de domicilio y CURP, acta de defunción y registro o copia certificada del registro, así como realizar un pago de $85.00 por cada arma.[50]

Si ningún familiar se interesa en conservar el arma, ésta debe llevarse igualmente al citado módulo para donarla o consignarla a favor de la Sedena.

En Estados Unidos, por lo general las armas de fuego se consideran parte de los bienes heredables mediante testamento. Algunas legislaciones estatales permiten que las piezas pasen a la propiedad del heredero como cualquier otro bien. Si el estado no permite tal transferencia, entonces el heredero deberá solicitar una licencia federal de armas de fuego.

---

48 Sedena, *Preguntas frecuentes*, *op. cit.*, nota 136.

49 Legal Community Against Violence, Massachusetts. Summary of State Firearms Laws, 2011, *http://www.lcav.org/states/massachusetts.asp*

50 Sedena, *Preguntas frecuentes*, disponible en: *http://www.sedena.gob.mx/index.php/transparencia/transparencia-focalizada/8249-preguntas-frecuentes?start=1*

90.- ¿En México existe un registro nacional de armas de fuego?

Sí. Tanto en México como, por ejemplo, en Estados Unidos, Canadá, Australia, Reino Unido y Francia, se cuenta con dicho registro. En nuestro país se le conoce como Registro Federal de Armas de Fuego y Control de Explosivos y lo administra la Sedena mediante la Dirección General del mismo nombre. Su principal función es regular las actividades contenidas en la LFAFE.[51]

En Estados Unidos se le conoce como Registro Nacional de Armas de Fuego y Registro de Transferencias y es administrado por la Agencia de Alcohol, Tabaco, Armas de Fuego y Explosivos (ATF).[52] A diferencia del de México, únicamente es obligatorio para fabricantes e importadores de armas.

En aquel país los particulares pueden adquirir armas de fuego que se encuentren previamente registradas. Todos los comerciantes autorizados están obligados a llevar un registro de las piezas vendidas y a conservarlo por 20 años, y eventualmente podrá ser objeto de inspección por la ATF. Cada estado tiene sus propias leyes acerca de la obligatoriedad del registro estatal.

En Estados Unidos, quienes apoyan la posesión y portación de armas de fuego se oponen al registro de las piezas porque eso facilita su decomiso.

91.- ¿En México tiene algún costo el registro de un arma de fuego?

Sí. En México deben pagarse a la Sedena 35 pesos por cada pieza a registrar.[53] En Estados Unidos el registro estatal tiene un costo de entre 10 y 15 dólares, más gastos por pruebas de balística y toma de huellas dactilares: aproximadamente 35 y 12 dólares, respectivamente.[54]

---

[51] Sedena, Armas, cartuchos y explosivos, *http://www.sedena.gob.mx/index.php/tramites-y-servicios/registro-federal-de-armas-de-fuego*

[52] Agencia de Alcohol, Tabaco, Armas de Fuego y Explosivos, Bureau of Alcohol, Tobacco, Firearms and Explosives National Firearms Registration and Transfer Record, 2007, *www.justice.gov/oig/reports/ATF/e0706/final.pdf*

[53] Sedena, *Preguntas frecuentes de los permisos*, *op. cit.*, nota 164.

[54] Departamento de Policía Metropolitana, Registering a firearm in the District

92.- ¿Cuántas armas se encuentran inscritas en los registros de México?

Hasta mayo de 2011 había registradas 3 millones 118 mil 592 armas de fuego a nivel nacional, de las cuales un millón 309 mil 184 eran cortas y un millón 809 mil 408 largas.[55]

En abril de 2013 sumaron 3 millones 101 mil 546, de las cuales 2 millones 639 mil 929 se encontraban en posesión de particulares y 461 mil 617 estaban asignadas a la seguridad pública.[56]

Y hasta abril de 2016 se tenían un total de 2 millones 775 mil 39 armas registradas.[57]

En Estados Unidos, aun cuando no existe obligatoriedad de registro a nivel nacional, se calcula que hay 283 millones de armas de fuego registradas.[58]

Armas vendidas por la Sedena[5]										
	2006	2007	2008	2009	2010	2011	2012	2013	2014	Al 28 Jul. 2015
Armas largas	11,678	14,053	17,748	25,018	22,861	14,868	22,421	20,264	24,014	13,879
Armas cortas	13,126	20,975	25,867	32,592	21,253	22,769	24,290	20,658	25,246	16,442

[5] Solicitud presentada a través de Infomex el 22 julio 2015 con número de folio 0000700139615. Respuesta del 9 de septiembre 2015.

93.- ¿Los particulares pueden comercializar armas de fuego entre ellos?

En México, los particulares no pueden comercializar armas de fuego. La única institución facultada para ello es la Dirección

of Columbia, 2008, *mpdc.dc.gov/mpdc/lib/mpdc/info/pdf/registering_firearm_dc.pdf*

[55] Solicitud de información presentada a través de Infomex el 25 de abril de 2011 con número de folio 0000700068811. Respuesta con fecha 6 de mayo de 2011.

[56] Solicitud de información presentada a través de Infomex el 18 de marzo de 2013 con número de folio 0000700049213. Respuesta con fecha 1 de abril de 2011.

[57] Solicitud presentada a través de Infomex el 3 de marzo de 2016 con número de folio 0000700042416. Respuesta con fecha 25 abril de 2016.

[58] Vega, Aurora, "Obtener permiso para portar un arma en México no es fácil", en *Excélsior*, 2 de febrero de 2011, *http://www.excelsior.com.mx/index.php?m=nota&id_nota=710591*

General de Industria Militar, dependiente de la Sedena. El artículo 37 de la LFAFE indica que el presidente de la República es el único facultado para autorizar el establecimiento de fábricas y el comercio de las armas.[59]

En Estados Unidos, los ciudadanos pueden comercializar armas de fuego una vez que hayan obtenido su licencia federal. El procedimiento consta del llenado de una solicitud y una entrevista personal en la que al interesado se le hacen preguntas sobre leyes federales y locales en la materia. La resolución toma 60 días.[60]

94.- ¿Dónde pueden comprarse armas de fuego de manera legal?

En México sólo pueden comprarse en la Dirección de Comercialización de Armamento y Municiones, dependiente de la Dirección General de Industria Militar, ubicada en avenida Industria Militar No. 1111, Campo Militar No. 1-D, Tecamachalco, Estado de México.[61]

En Estados Unidos, a diferencia de lo que pasa en México, alrededor de 284 mil personas tienen licencia federal que las faculta para comercializar armas de fuego de todo tipo.[62]

95.- ¿Un particular puede importar y exportar armas de fuego?

No. Al igual que en el caso de la comercialización, la Sedena no autoriza a particulares la importación y exportación. La única facultada para llevar a cabo dichas actividades es la Dirección de Comercialización de Armamento y Municiones.[63]

La importación y exportación temporal se autoriza única-

---

[59] Solicitud de información presentada a través de Infomex el 2 de agosto de 2010 con número de folio 0000700121710. Respuesta con fecha 31 de agosto de 2010.

[60] Agencia Federal de Alcohol, Tabaco, Armas de Fuego y Explosivos, *op. cit.*, nota 152.

[61] Sedena, Dirección de Comercialización de Armamento y Municiones, *http://www.sedena.gob.mx/index.php/comercializacion-de-armas/quienes-somos*

[62] Agencia Federal de Alcohol, Tabaco, Armas de Fuego y Explosivos, Decline in the number of federal firearms licences, 2008, *http://www.atf.gov/publications/factsheets/factsheet-decline-in-ffls.html*

[63] Solicitud de información presentada a través de Infomex el 23 de abril de 2009 con número de folio 0000700065109. Respuesta con fecha 5 de mayo de 2009.

mente cuando las piezas se destinan a fines cinegéticos o de competencia de tiro. Anualmente se presentan más de mil 200 solicitudes con ese propósito.[64]

En Estados Unidos el interesado debe obtener de la ATF el permiso para Importación de Armas de Fuego, Municiones e Implementos de Guerra; en algunos casos tiene que contratar los servicios de un importador.

96.- ¿Cuáles son los modelos de las armas de fuego que más poseen los civiles?

En México[65] y en Estados Unidos, los cinco modelos de armas más vendidos a civiles son:

MÉXICO	ESTADOS UNIDOS
1. Winchester	1. Colt M1911
2. Colt	2. Fusil de Pompa Remington modelo 870
3. Remington	3. Rifle semiautomático AR-15 Bushmaster
4. Smith & Wesson	4. Smith & Wesson Modelo 10 revólver
5. Stevens	5. Rifles de avancarga

97.- ¿Cuántos tratados relativos a las armas de fuego ha suscrito México?

Según la Consultoría Jurídica de la Secretaría de Relaciones Exteriores, hasta mayo de 2013 México ha firmado 20 tratados internacionales en la materia. Sin embargo, éstos versan principalmente sobre armas convencionales, como tanques de batalla, artillería de alto calibre, buques de guerra y armas de destrucción masiva.

---

[64] Solicitud de información presentada a través de Infomex el 13 de febrero de 2009 con número de folio 0000700026109. Respuesta con fecha 5 de marzo de 2010.

[65] Solicitud de información presentada a través de Infomex el 18 de marzo de 2013 con número de folio 000070004913. Respuesta con fecha 1 de abril de 2013.

En relación con las armas de fuego que pueden ser utilizadas para la legítima defensa, únicamente se han suscrito dos tratados: la Convención Interamericana contra la Fabricación y el Tráfico Ilícitos de Armas de Fuego, Municiones, Explosivos y Otros Materiales Relacionados (CIFTA), y el Protocolo contra la Fabricación y el Tráfico Ilícitos de Armas de Fuego, sus Piezas y Componentes y Municiones, que complementa la Convención de las Naciones Unidas contra la Delincuencia Organizada Transnacional (Protocolos de Palermo).[66]

De igual forma, México participa en el Programa de Acción para Prevenir, Combatir y Eliminar el Tráfico Ilícito de Armas Pequeñas y Ligeras en Todos sus Aspectos.[67]

Actualmente la Asamblea General de la ONU realiza trabajos preparatorios con miras a la implementación de un tratado sobre el comercio de armas convencionales.

Es importante señalar que estos tratados en nada contravienen el derecho de poseer armas de fuego para la legítima defensa.

98.- ¿El derecho de posesión y portación de armas de fuego contraviene lo establecido en el instrumento de las Naciones Unidas denominado "Principios Básicos sobre el Empleo de la Fuerza y de Armas de Fuego por los Funcionarios Encargados de Hacer Cumplir la Ley"?

No. El objetivo de este instrumento es regular el uso de la fuerza y de las armas de fuego exclusivamente por parte de los funcionarios encargados de hacer cumplir la ley. En virtud de que nuestro análisis trata de la posesión y portación de armas de fuego para los civiles, estos Principios no son aplicables a nuestro estudio, y aun si lo fueran, el artículo 9 de éstos señala que los funcionarios públicos podrán hacer uso de armas de fuego en defensa propia o de otras personas.

Es conveniente llamar la atención sobre lo dispuesto en el artículo 18 del citado instrumento internacional firmado por México:

---

[66] SRE, búsqueda de tratados, *http://sre.gob.mx/tratados/index.php*

[67] ONU, Informe de la Conferencia de las Naciones Unidas sobre el Tráfico Ilícito de Armas Pequeñas y Ligeras en Todos sus Aspectos, 2001, en *http://www.poa-iss.org/poa/PoA_SpanishN0150723.pdf?OpenElement*

> 18. Los gobiernos y los organismos encargados de hacer cumplir la ley procurarán que todos los funcionarios encargados de hacer cumplir la ley sean seleccionados mediante procedimientos adecuados, posean aptitudes éticas, psicológicas y físicas apropiadas para el ejercicio eficaz de sus funciones y reciban capacitación profesional continua y completa. Tales aptitudes para el ejercicio de esas funciones serán objeto de examen periódico.

En México no se puede verificar el cumplimiento de este mandato en virtud de que, según las autoridades, se trata de información "indisponible" o que se ha clasificado como "confidencial o reservada" en varias dependencias.[68]

99.- ¿Existen programas internacionales relativos a las armas de fuego?

Sí. La Organización de las Naciones Unidas (ONU) tiene una Oficina para Asuntos de Desarme (United Nations Office for Disarmament Affairs) y un Instituto de Investigación para Asuntos de Desarme. Sus funciones son la asistencia a la comunidad internacional para la elaboración de estrategias tendientes a la eliminación de las armas de destrucción masiva, a la reducción de la circulación de armas convencionales y al control de armas para procurar un ambiente de paz internacional y anticipar riesgos para la seguridad.

Para esta tarea, el instituto integra a miembros de la sociedad civil, así como a organizaciones internacionales y representantes estatales, del sector privado y de la academia. Una de sus materias de trabajo lo constituyen las "armas de perturbación social (*weapons of societal disruption*)", entre las cuales se encuentran las cortas, las municiones, granadas, explosivos y demás utensilios que puedan alterar el orden social y causar violencia en la vida cotidiana.[69]

La Interpol implementa el Programa sobre Armas de Fuego "Plan Estratégico 2013-2015", cuya función es prevenir

---

[68] Villanueva, Ernesto, *op. cit.*, nota 17.

[69] Oficina de las Naciones Unidas para Asuntos de Desarme, disponible en *http://www.un.org/disarmament/*

y combatir la comisión de delitos cometidos con arma de fuego a nivel internacional mediante la colaboración en todos los países miembros del sistema Interpol.

Las líneas de intervención bajo este esquema incluyen la identificación de armas de fuego a nivel trasnacional; la Red de Interpol de información sobre balística (IBIN, por sus siglas en inglés), una plataforma mundial que recopila, almacena y compara información sobre armas de fuego; la lucha contra el tráfico trasnacional, apoyada por el sistema de Interpol para la gestión de registros y el rastreo de armas ilícitas (iARMS, por sus siglas en inglés), que permite compartir casos de armas perdidas, robadas o introducidas por contrabando y enviar solicitudes de identificación de piezas, y la formación y capacitación de manera presencial o a distancia.

Dicho programa se apoya en acuerdos internacionales, regionales y en la Organización Mundial de Aduanas. En el Continente Americano, se basan en la Declaración de la Comunidad del Caribe (Caricom) sobre Armas Pequeñas y Ligeras (2011), en el Compromiso de Tlatelolco (2008) y en la Convención Interamericana contra la Fabricación y el Tráfico Ilícitos de Armas, Municiones, Explosivos y Otros Materiales Relacionados (CIFTA), de 1998.

El propósito de estos instrumentos es erradicar el comercio trasnacional ilícito de armas que fomenta la violencia, el tráfico de droga, el terrorismo y la delincuencia internacional organizada.[70]

100.- ¿Las autoridades mexicanas ejercen un control eficiente sobre la posesión y portación de armas de fuego?

No. En México el estado de derecho tiene un lento proceso de desarrollo que da pie a la existencia de amplias islas de incumplimiento de la ley. Así, la cultura jurídica en el país se halla sujeta a un complejo entramado de prácticas culturales que mezclan percepciones de injusticia e inequidad en muchas disposiciones

[70] Interpol, Programa sobre Armas de Fuego "Plan estratégico 2013-2015", julio de 2012, disponible en *http://www.google.com.mx/search?client=safari&rls=en&q=INTERPOL,+Programa+sobre+armas+de+fuego.&ie=UTF-8&oe=UTF-8&redir_esc=&ei=MZg-UYvfD4KGqgHNiID4Dg*

y de una práctica de negociación de la ley por parte de las autoridades y de los gobernados.[71]

El fenómeno descrito provoca, en mayor o menor medida, que en todos los ámbitos regulados por el derecho la ley sea sólo un referente y no una regla razonablemente puntual de conducta. Por esta razón, el Estado en sus diversas expresiones (federal, estatal y municipal) se encuentra limitado para garantizar la seguridad de las personas, lo que brinda aún más argumentos para darle eficacia al derecho fundamental de posesión de armas previsto en el artículo 10 constitucional, mediante la puesta en práctica las reformas pertinentes a la ley reglamentaria.

101.- ¿Cuál es el marco legislativo en materia de portación de armas de fuego en países desarrollados?

En la siguiente tabla se sintetiza la situación general de cinco países desarrollados representativos.

[71] Fix Fierro Héctor, Flores, Julia, López Ayllón, Sergio y Valadés, Diego, *op.cit.*, nota 14.

REACTIVO	CANADÁ	ESTADOS UNIDOS	REINO UNIDO	FRANCIA	AUSTRALIA
Posesión contemplada en Constitución	No	Sí	Sí (Bill of Rights)	No	No
Ley que regula la posesión	Ley de Armas de Fuego (1995)	Ley Nacional de Armas de Fuego (1934)/ Ley de Control de Armas (1968)	Ley de Armas de fuego (1968)	Decretos de 1995 y 1998 relativos al régimen de materiales de guerra, armas y municiones	Plan Nacional para la Regulación de Armas de Fuego (1996)
Tipo de armas que pueden adquirirse	Armas de fuego no restringidas, restringidas y prohibidas	-Depende de leyes estatales, pero en general se puede adquirir toda arma de fuego, excepto metralletas y armas indetectables por dispositivos de seguridad en aeropuertos.	Todas las armas no clasificadas como prohibidas	Armas de 1a, 4a, 5a, 7a y 8a categorías	Armas de las categorías A, B, y C
Existe registro público de compra y posesión	Sí	Sí	Sí	Sí	Sí
Vinculación de portación de arma con educación	Sí	No	No	Sí	Sí
Arancel por importación	No	No	Sí	Sí	Sí
Requisitos para comprar armas	-Licencia de posesión y adquisición de armas de fuego -Pasar el examen y curso canadiense de seguridad en el manejo de armas de fuego -Solicitud	-Para la adquisición de pistolas, ser mayor de 21 años. -Para la adquisición de rifles, ser mayor de 18 años.	-Depende del tipo de arma; los requisitos generales son: -Contar con un certificado de arma de fuego o certificado de rifle –No ser menor de 17 años -Tener un buen motivo para poseer el arma -Contar con dos referencias	-Depende del tipo de arma; los requisitos generales son: -Certificado médico con fecha no anterior a 15 días de la presentación de la solicitud. -Reporte sobre los medios de protección contra el robo y modalidades de conservación del material -Carta de alguna asociación deportiva de tiro	-Tener razón genuina para adquirir el arma, -Ser mayor de 18 años -Persona sana y propia -Haber cumplido con un entrenamiento *Las personas que no cumplan con los requerimientos de la licencia, podrán obtener un permiso

102.- ¿Y cómo se regula la posesión y portación de armas de fuego en México y oros países de América Latina?

En la tabla que sigue se presentan a grandes rasgos los esquemas regulatorios de México y otros 11 países representativos de América Latina.

REACTIVO	COLOMBIA	PERÚ	NICARAGUA	PARAGUAY
Posesión contemplada en constitución	Sí	Sí	No	No
Ley que regula la posesión	Decreto 2535 de 1993	-Ley sobre la Fabricación, Comercio, Posesión y Uso por los Particulares de Armas y Municiones que no son de Guerra.	-Ley 510. -Ley Especial para el Control y Regulación de Armas de Fuego, Municiones, Explosivos y otros Materiales de Guerra.	Ley N° 1910/2002 de Armas de Fuego, Municiones y Explosivos.
Tipo de armas que pueden adquirirse	Revólveres y pistolas con las siguientes características: calibre máximo de 9.652 mm; longitud máxima de cañón de 15.24 cm; de repetición o semiautomáticas; capacidad máxima de 9 cartuchos; carabina calibre 22 s; escopetas con longitud de cañón máxima de 22 pulgadas	Armas de fuego cortas cuya munición genere una energía en boca del cañón que no exceda de 40 kilográmetros.	-Pistolas y revólveres de 22 hasta 45 calibres. -Escopetas de 12 hasta 410 calibres. -Carabinas y fusiles desde calibre de.17 hasta .45 pulgadas, no comprendidos en armas prohibidas.	-Armas de puño a excepción de magnum o similares. -Armas de hombro -Agresivos químicos -Armas electrónicas
Existe registro público de compra y posesión	Sí	Sí	Sí	Sí
Vinculación de portación de arma con educación	No	Sí	No	No
Arancel por importación	No	No	Sí	No
Requisitos para comprar armas	-Formulario -Tarjeta de reservista o provisional militar -Fotocopia de cédula de ciudadanía y del certificado judicial autenticadas -Certificado médico	-Formulario -Documento nacional de identidad -Certificado de no antecedentes policiales, penales y judiciales -Factura o boleta de venta por la compra del arma -Certificado de salud mental	-Mayor de 21 años -Cédula de identidad ciudadana o residencia legal -Formulario -Plena capacidad física y mental -Adiestramiento y conocimiento mínimo necesario. -Carta de no antecedentes penales ni policiales -Factura o escritura del arma -Recibo de pago de aranceles -Autorización para compra de arma de fuego	Requisitos para tenencia: -Formulario -Documento de identidad -Certificado de no antecedentes judiciales ni policiales -Certificado médico

REACTIVO	COSTA RICA	HONDURAS	GUATEMALA	EL SALVADOR
Posesión contemplada en Constitución	No	Sí	Sí	Sí
Ley que regula la posesión	Ley de Armas y Explosivos	Ley de Control de Armas de Fuego, Municiones, Explosivos y otros similares.	Ley de Armas y Municiones	-Ley de Control y Regulación de Armas, Municiones, Explosivos y Artículos Similares -Reglamento de la Ley de Control y Regulación de Armas de Fuego. -Ley de Gravámenes Relacionados con el Control y Regulación de Armas de Fuego, Municiones, Explosivos y Artículos Similares.
Tipo de armas que pueden adquirirse	-Pistolas y revólveres con calibres de 5,6 mm (calibre 22") hasta 18,5 mm (calibre 12"), que no sean automáticas. -Revólveres y pistolas semiautomáticas hasta calibre 45" (11.53 mm). -Escopetas hasta calibre 12" (18.5 mm). -Carabinas y rifles hasta calibre 460" (11.68 mm). -Las que integren colecciones de armas permitidas. -Las utilizadas por los deportistas de tiro, al plato y de cacería mencionadas en el artículo 60 de esta ley.	-Armas de puño o cortas -Armas de puño o largas -Escopetas de acción mecánica o semiautomática	-Revólveres y pistolas semiautomáticas, de cualquier calibre -Escopetas de bombeo, semiautomáticas, de retrocarga y avancarga con cañón de hasta veinticuatro (24) pulgadas y rifles de acción mecánica o semiautomática.	-Revólveres y pistolas de acción mecánica o semiautomática -Fusiles y carabinas de acción mecánica o semiautomática -Escopetas -Armas de colección
Existe registro público de compra y posesión	Sí	Sí	Sí	Sí
Vinculación de portación de arma con educación	No	No	No	No
Arancel por importación	No	No	No	Sí
Requisitos para comprar armas	-Ser mayores de 18 años, salvo las excepciones señaladas en la presente ley. -No haber sido condenadas por delitos relacionados con el uso de armas. -No estar inhabilitado, mediante resolución judicial, para el uso de armas. -Aprobación de examen técnico-práctico.	-Formulario -Marca, modelo, número de serie, identificación de conversiones de calibre, así como las demás características de arma -Constancia de haberse practicado la prueba balística -Documentos de identificación.	-Formulario -Declaración jurada de no haber padecido enfermedades mentales ni ser desertor del ejército. -Identificación personal -Certificación de carencia de antecedentes penales y policíacos -Certificación de haber aprobado las evaluaciones sobre el manejo de armas de fuego, conocimientos generales de la ley, evaluaciones técnicas y psicológicas	-Formulario -Mayor de 21 años de edad -Carecer de antecedentes penales y policiacos -Partida de nacimiento -Documento de identidad personal -Aprobar examen teórico y práctico -Aprobar examen psicológico

103.- ¿Los permisos de portación de armas de fuego generan mayor violencia al acceder a ellos quienes cometen delitos?

No. Una vez autorizado el permiso de portación, la autoridad hará un disparo del arma; del casquillo se obtiendrán cuatro marcas y, de la bala, dos. Éstos se denominan "huellas balísticas", que permitirían saber no sólo si un arma ha sido disparada en algún incidente delictivo, sino la identidad de quien la registró. De esta suerte, el delincuente seguirá obteniendo armas del mercado negro para no ser identificado. Y, por el contrario, el ciudadano que decida ejercer su derecho a poseer y portar armas de fuego deberá ser responsable de su uso legal y legítimo.

CONCLUSIONES Y PROPUESTAS PARA REGULAR LA POSESIÓN Y PORTACIÓN DE ARMAS DE FUEGO

P*rimera.* El punto de partida que debe quedar claro es que la prerrogativa de poseer y portar armas de fuego para la legítima defensa y la seguridad de las personas es un derecho humano previsto en el artículo 10 de la Constitución vigente y forma parte del texto de la Carta Magna desde su antecesora de 1857. No surge como adición o reforma constitucional de lo que se denomina Poder de Reforma de la Constitución o Constituyente Permanente, sino que forma parte del texto inicial de ambas constituciones, de modo que no hay duda alguna de la voluntad del poder constituyente (es decir, de la voluntad política original y soberana que no está sometida a una Constitución previa, siguiendo a Sieyés,[1] traducida en un conjunto de normas jurídicas fundamentales que dan vida al Estado mexicano, tanto en su versión liberal del siglo XIX como en su acepción liberal-social del siglo XX); de su intención de que integrara la parte dogmática o teleológica (es decir, de los fines o propósitos que la animan) de la Constitución hasta nuestros días.

Baste también reiterar que este derecho no ha sido impuesto, sino autolegislado por voluntad propia del poder constituyente. "Esta decisión libre del Poder de autolimitarse es una característica inseparable del Poder democrático, y de este tipo de relación entre Poder y derecho, a través de la positivación de los derechos fundamentales y de los principios de organización, e incluso más radicalmente ante la conversión del Poder en Poder jurídico regulado por el derecho".[2]

---

[1] Cfr. Sieyés, Emmanuel, *¿Qué es el tercer Estado?*, Alianza, Madrid, 1989.

[2] Peces-Barba, Gregorio, *Lecciones de derecho fundamentales*, Madrid, Dykin-

En el Constituyente de 1856-1857, después de deliberaciones a favor y en contra del derecho de las personas a la posesión y portación de armas de fuego, la propuesta de articulado fue aprobada por 67 votos contra 21 en su primera parte, y por 50 votos contra 21 en su segunda parte.[3] En los debates del Constituyente de 1916-1917, la propuesta de redacción del artículo 10 presentada por el jefe del Ejército Constitucionalista, Venustiano Carranza, en voz del general Francisco J. Múgica, fue aprobada por unanimidad y sin discusión alguna.[4]

Con todo, esta institución jurídica no ha sido estudiada con una mínima amplitud en México; más aún, no suele ser identificada como uno de los derechos fundamentales de primera generación o básicos por parte de las organizaciones de derechos humanos. Tampoco, sin embargo, se ha solicitado su derogación constitucional a través de los mecanismos previstos por el orden jurídico vigente. Ha permanecido, pues, como un convidado de piedra en la lista de los derechos fundamentales en México.

La información y el conocimiento de esta institución jurídica fueron sustituidos por el prejuicio y el mito, que prevalecen hasta ahora. A lo largo de esta obra se despejaron dudas, se desarticularon creencias equívocas con base en datos duros y se puso de manifiesto cómo la experiencia comparada ofrece elementos cognitivos de lo que es y de lo que no es este derecho.

Segunda. Este derecho fundamental ha estado asociado a una percepción negativa porque posiblemente así le conviene al régimen político mexicano y a su visión de estabilidad política y límite de los espacios de libertad de los gobernados. Ya en la Introducción de este volumen se explicaron las razones culturales y políticas que animaron esa actitud.

Es conveniente desmontar el estigma social con información que permita hacer frente a cada uno de los supuestos "peligros" que conllevaría el ejercicio de este derecho. Es de mencionar que esas voces estigmatizadoras no están basadas en

son, 2004, pp. 239 y 240.

[3] Zarco, Francisco, *Historia del Congreso Extraordinario Constituyente*, tomo I, México, Imprenta de Ignacio Cumplido, 1857, pp.708-710.

[4] Congreso Constituyente 1916-1917, *Diario de los Debates*, México, Gobierno del estado de Querétaro, 19 de diciembre de 1916.

investigación empírica que sustente la mayor parte de tales aseveraciones y/o percepciones; no al menos con datos disponibles de manera pública. Dichos juicios habían adquirido hasta ahora una apreciable presencia en un sector no menor de la comunidad mexicana.

El progresivo debilitamiento en México de las instituciones de seguridad y de procuración de justicia para cumplir de manera razonable sus deberes constitucionales y legales trae consigo la redefinición de conceptos y valores. Se requiere en este contexto ubicar en su justa dimensión los alcances y límites del derecho de posesión y portación de armas de fuego. No será, por supuesto, una tarea fácil; antes bien, se aprecia sinuosa y complicada en virtud de la representación mediática y social que asocia crimen, violencia y armas de fuego como parte del imaginario colectivo.

La crisis que vive el país en materia de seguridad pública es, sin duda, un problema que trastoca la identidad del Estado mexicano y que permite propuestas nuevas para enfrentar nuevos retos. Día con día se limitan no sólo los espacios públicos que permiten asegurar los derechos fundamentales de libertad de tránsito y, por supuesto, el derecho primigenio a la vida, sino incluso los espacios privados que en principio suponen todavía más una exigencia de protección.

No es empero por la vía de la restricción de los derechos fundamentales como se puede recobrar la seguridad perdida y la confianza social en las instituciones. En todo caso, tener presente esta realidad supone acaso una oportunidad para hacer efectivos los derechos fundamentales previstos en la Constitución –incluido, por supuesto, el contemplado en el artículo 10– mediante reformas a las leyes secundarias para potenciar la eficacia normativa de la Carta Magna a fin de proteger los bienes jurídicos que tutela: la vida y el patrimonio.

El derecho de posesión y portación de armas no tiene en principio una finalidad por sí misma; es una prerrogativa que habilita al gobernado para defenderse de toda acción potencial que pueda ponerlo en peligro actual, real e inminente. El principio resulta claro: Es preferible tener un arma de fuego y no necesitarla jamás que necesitarla y no tenerla. En todo caso, como su propio nombre lo indica, es un derecho, una potestad de las personas y no una obligación.

Tercera. El proceso para hacer efectivo el derecho fundamental a la posesión y portación de armas de fuego pasa por una serie de reformas a la legislación vigente y, en particular, pero no exclusivamente, a la Ley Federal de Armas de Fuego y Explosivos. La legislación en la materia tiene grandes problemas que habían permanecido fuera del radar de la opinión pública porque no había habido necesidad de visibilizar esas inquietudes de manera puntual; no al menos desde el punto de vista de la ciencia jurídica con un enfoque interdisciplinario.

Ahora conviene identificar, en forma enunciativa, no limitativa, algunos de los elementos de la ley secundaria que atentan contra el núcleo duro del derecho fundamental que aquí se estudia:

a) Constriñe la posesión y portación de armas de fuego a piezas cuyos calibres y características carecen, en el mayor de los casos, de la capacidad de contención del agresor. En los hechos, esta disposición no contribuye a disuadir a los atacantes, pues ellos saben que su víctima podría tener un arma de bajo impacto, con la cual difícilmente impediría de manera eficaz que se atente contra su integridad;

b) parte del absurdo supuesto de que los gobernados tienen educación y entrenamiento para el manejo y uso de armas de fuego. Como es sabido, nadie, salvo quienes forman parte o han formado parte de cuerpos de seguridad, además de quienes practican la caza y el tiro deportivos, así como los delincuentes, tienen, en un grado u otro, esa preparación. En cambio, ésta sí se observa en la experiencia comparada respecto de otros países. La falta de ese entrenamiento en el caso de México lleva a que, paradójicamente, el derecho de posesión y portación de armas de fuego encuentre en la ley reglamentaria un obstáculo para la legítima defensa y la seguridad de las personas;

c) asigna el control de las armas de fuego a las autoridades militares, lo que revela un resabio de autoritarismo que no se manifiesta en las democracias contemporáneas, donde esa tarea se adjudica a autoridades civiles, como en Estados Unidos;

d) establece un amplio margen de discrecionalidad para el otorgamiento de los distintos permisos para la posesión y la portación de armas, además de introducir un tiempo de espera mayor y con más requisitos que los que se detectan en la experiencia comparada. Esto también representa un obstáculo para el adecuado ejercicio del derecho fundamental previsto en el artículo 10 constitucional;

e) genera un monopolio en favor de la autoridad militar para la producción y comercialización de armas de fuego. Esta medida limita las posibilidades y potencialidades de los particulares para participar en esta actividad con arreglo a la ley, y lo hace sin ningún argumento ni justificación que, de cara a la sociedad, establezca cómo esa disposición honra el derecho previsto en el artículo 10 constitucional; ello también es herencia del autoritarismo y contrario a las mejores prácticas internacionales en la materia, y

f) el concepto de domicilio de la ley es restrictivo.

Cossío Díaz explica sobre este rubro:

> Los artículos 15 y 16 de la Ley Federal de Armas y Explosivos señalan a la letra: "*Artículo 15*.- En el domicilio se podrán poseer armas para la seguridad y defensa legítima de sus moradores. Su posesión impone el deber de manifestarlas a la Secretaría de la Defensa Nacional, para su registro. Por cada arma se extenderá constancia de su registro". "*Artículo 16*. Para los efectos del control de la posesión de armas, las personas físicas deben manifestar un único domicilio de residencia permanente para sí y sus familiares. Por otro lado, los artículos 9 y 21 del Reglamento de la Ley Federal de Armas de Fuego y Explosivos señalan: "*Artículo 9*. El domicilio de residencia permanente que declaren las personas físicas para los efectos de posesión de armas para fines de seguridad y legítima defensa será en el que se habite. La falsedad del informe implica posesión injustificada de armas..." "*Artículo 21*. Si se manifiestan más de dos armas para seguridad y legítima defensa de los moradores de un solo domicilio, los interesados deberán justificar esa necesidad".
>
> El problema que veo en la definición de la legislación (y del fallo de la mayoría) tiene que ver con la vaguedad extensional del concepto "domicilio", es decir, con la cantidad mayor o menor de entes que caben dentro del concepto. No me refiero, pues, a la vaguedad de las características inherentes al concepto (intención conceptual), pues, evidentemente, en cuanto a ese aspecto encuentro acertada la definición dada. La zona de penumbra del concepto no permite determinar si ciertos lugares como los establecimientos mercantiles... u otros lugares en donde se pueda ejercer válidamente el derecho de autoprotección y autodefensa" [pueden ser considerados "domicilios"].[5]

---

[5] Cossío Díaz, José Ramón, "El derecho a usar armas en México: un problema de interpretación constitucional", en *Revista Mexicana de Derecho Consti-*

Cuarta. Es de recordar que los derechos fundamentales carecen de entidad si no cuentan con las garantías normativas para su debido ejercicio. Al recordar la evolución de la protección de éstos, Pérez Luño sostiene que "tal garantía se consideraba que debía operar no sólo frente a cualquier intento de modificación del estatuto de los derechos fundamentales por parte del gobierno, sino incluso de aquellos que pudieran derivarse de la actividad del legislador ordinario",[6] como sucede con la LFAFE, que, lejos de proteger el núcleo duro del bien jurídico tutelado por el artículo 10 constitucional, lo restringe extralimitando las potestades de la ley reglamentaria, que debe sólo desarrollar el derecho sin alterar ni modificar su sentido.

Quinta. En el transcurso de los años, particularmente en los más recientes, se ha podido apreciar cómo el estado de derecho se repliega y permite con ello que surjan islas cada vez más amplias de impunidad, corrupción e inseguridad a lo largo y ancho del territorio nacional. Hay análisis con datos que sustentan esta observación. Quizá el estudio más representativo de este fenómeno sea la reflexión del doctor Sergio García Ramírez.[7]

El anterior no es "nuestro" diagnóstico, sino una descripción de lo que sucede en el país y de cómo se deterioran los espacios públicos y privados, justo aquellos que debieran permitir el ejercicio apreciable de los derechos y garantías tutelados por la Constitución. Peor todavía: ante los cada vez más frecuentes homicidios y atentados cometidos contra servidores públicos, candidatos políticos y personajes con cargos de elección popular se impone una pregunta: ¿Cómo puede el Estado mexicano garantizar la seguridad de los ciudadanos si no puede defender la integridad física de un número creciente de los encargados de hacer cumplir la ley?

Con el presente trabajo no pretendemos sostener que el ejercicio del derecho de posesión y portación de armas de fuego sea *la solución* al grave problema de violencia e inseguridad que

---

tucional, núm.18, 2008, en *http://www.juridicas.unam.mx/publica/rev/cconst/cont/18/cj/cj10.htm*

[6] Pérez Luño, Antonio, *Los derechos fundamentales*, Tecnos, Madrid,1984, p. 69.

[7] Cfr. García Ramírez, Sergio, "Seguridad pública, proceso penal y derechos humanos", en *Reforma judicial. Revista Mexicana de Justicia*, número 17, enero-junio de 2011, pp. 151-177.

vive el país. El tema sí se inscribe, empero, en la abultada lista de pendientes necesarios para que las personas de a pie, casi la totalidad de la población, puedan tener un instrumento para la legítima defensa de su vida y su seguridad en el marco constitucional.

De nada serviría contar con todos los derechos humanos, desde la primera hasta la más reciente generación, si no se tiene la garantía mínima para su posible ejercicio: la vida física y psíquica. Sin vida humana lo demás se convierte en lo de menos. Con inmovilidad comunitaria y política no podrá recuperarse la tranquilidad perdida. Vale la pena parafrasear a Ortega y Gasset: la persona es ella y su circunstancia, y si no salva a ésta no se salva a sí misma.[8]

El ejercicio expansivo del derecho fundamental de posesión y portación de armas debe ir acompañado de un proceso de evaluación y reforma del sistema educativo. La educación es un vehículo de transmisión de conciencia que provee al individuo de elementos cognitivos para ejercer la noción sociológica de ciudadanía.

El derecho de posesión y portación de armas de fuego, en los términos en que lo desarrolla la ley reglamentaria, es inversamente proporcional a su debido ejercicio, toda vez que la dieta intelectual y técnica de los mexicanos respecto del uso de las armas ha sido históricamente escasa. A este problema se suman además los juicios de valor y la falta de elementos extraídos de las mejores prácticas internacionales en el ámbito de referencia.

Sexta. La recuperación, en su vertiente de eficacia normativa, de este derecho por parte de las personas exige una reforma sustantiva o, de plano, la abrogación de la ley reglamentaria vigente y la adopción de una nueva, enriquecida con elementos de avanzada.

Entre muchos de los cambios que se requieren se hallan los relativos a la educación cívica. En su recomendación para la educación ciudadana y los derechos humanos, el Consejo de Europa sostiene que la educación cívica supone una amplia participación de todos los sectores de la comunidad.[9] Un proyecto de esta naturaleza, pues, demanda un desarrollo sistemático, multidisciplinario y permanente de políticas públicas, reformas normativas y prácticas

[8] Cfr. Ortega y Gasset, José, *La rebelión de las masas*, Tecnos, Madrid, 2008.

[9] Recomendación adoptada por el Comité de Ministros el 11 de mayo de 2010 en su 12a sesión.

sociales sustentadas en el cambio conductual por emulación y con resultados observables basados en aproximaciones sucesivas.

Hoy en día, los referentes que la sociedad tiene a la mano respecto al tema que nos ocupa se encuentran apenas sostenidos por la investigación empírica y un universo cognitivo acotado. Peor aún, los libros de texto en las escuelas primarias y secundarias dejan fuera el estudio de este derecho fundamental. Por otra parte, estos vacíos de información, que deberían colmar los ingredientes del derecho a saber previsto en el artículo 6º constitucional, son sustituidos por discursos e imágenes mediáticos que sólo reproducen los mitos y prejuicios de siempre sobre las armas de fuego, lo que genera un círculo perverso de desinformación social.

El *Diccionario de la Lengua Española* describe el vocablo *responsabilidad* como la "capacidad existente en todo sujeto activo de derecho para reconocer y aceptar las consecuencias de un hecho realizado libremente". Para efectos del presente estudio, debe puntualizarse que la responsabilidad no se encuentra fuera de la órbita de la educación cívica; así que los programas formales e informales de educación e instrucción deben poner el acento en el uso de las armas de fuego de manera racional, limitada y enfocada a la legítima defensa y seguridad de las personas; es decir, al uso *responsable* de aquellas.

Séptima. De manera simultánea, una nueva ley reglamentaria debería considerar, al menos, los siguientes aspectos:

a) Subordinar la autorización de permisos para la posesión y la portación de armas a la debida aprobación de cursos de instrucción técnica sobre su uso e idoneidad como instrumentos para la seguridad personal y la legítima defensa. Los cursos, diplomados y estudios técnicos que se imparten actualmente en este rubro son exclusivos para integrantes de las fuerzas del orden, lo cual supone un acto discriminatorio para la población civil, que en consecuencia queda en estado de indefensión ante eventuales amenazas a su integridad física y la de su familia, así como a su patrimonio.

En síntesis, la falta de instrucción en la materia contribuye a que el ejercicio equívoco o el no ejercicio del derecho fundamental aquí analizado se convierta en un peligro social en lugar de una herramienta para complementar, con apego a la Constitución, la acción del Estado.

Por esta razón, academias de policía y comandancias de zonas militares, y en especial centros particulares de enseñanza e instrucción para el uso, posesión y portación de armas de fuego con fines de legítima defensa y seguridad, deben ampliar el espectro y la disponibilidad de los más distintos cursos en la materia. Desde luego, este tipo de enseñanza tiene que sujetarse a autorizaciones con criterios objetivables, además de que conviene fomentar la apertura de establecimientos *ad hoc* en puntos estratégicos del país.

b) Es importante fijar criterios claros y puntuales para la autorización de permisos de portación de armas de fuego que permitan crear parámetros razonables de previsibilidad, de los cuales se carece hasta ahora.

c) Conviene elaborar mecanismos de disuasión con el propósito de que las personas que porten armas de fuego sin la licencia respectiva rectifiquen lo conducente en términos legales, así como para contribuir a que el mayor número posible de piezas queden sujetas a un debido registro, control y seguimiento que desincentive el mercado negro; actividad ilícita ésta que llena en la práctica las restricciones de la ley de la materia en perjuicio del interés público.

d) Debe revisarse y corregirse el criterio restrictivo que pone en manos exclusivamente del Ejército el uso de determinadas armas de fuego, de manera que los ciudadanos puedan acceder a los calibres capaces de contener eficazmente a quienes atenten contra su integridad física y su patrimonio. En otras palabras, el inercial criterio prevaleciente hasta ahora tendría que funcionar exactamente al revés de la lógica que sigue la ley vigente.

e) Se debe asimismo eliminar el monopolio de la comercialización y la fabricación de armas detentados por la Sedena y permitir la incursión de particulares en este campo de la economía, sujeto evidentemente al control de las autoridades. Esta decisión no sólo ampliaría la oferta, sino que permitiría reducir costos de adquisición y combatir el tráfico ilegal de armas al establecer aranceles mínimos para la libre importación a cargo de particulares, con las restricciones que han adquirido carta de naturalización en las prácticas aduaneras a través de las denominadas franquicias exentas de impuestos; también permitiría generar fuentes de empleo en nuevos nichos de desarrollo económico, como sucede en la experiencia comparada.

f) El contenido específico y personal de los registros de armas de fuego debe ser confidencial, pues la eventual difusión de nombres y apellidos, o de los tipos de armas de fuego registrados, echaría por la borda el efecto sorpresa y la capacidad de disuasión que trae aparejado el derecho de posesión y portación de armas de fuego en condiciones de confidencialidad.

g) Deben establecerse mecanismos transparentes en todo el proceso de registro, de modo que la comunidad pueda darle un puntual seguimiento y verificación a la emergencia de esta institución jurídica en la sociedad mexicana.

h) Por último, deben eliminarse todas las medidas indirectas que constriñan el derecho que aquí se comenta, como altos precios en permisos y tiempos de espera prolongados, por señalar sólo algunos.

Octava. Para nadie es un secreto que el Estado mexicano pasa por un periodo de extrema debilidad. Una visión simplista supondría que en este contexto de fragilidad del estado de derecho habría que esperar mejores oportunidades para darle vida a la eficacia de los derechos civiles, entre ellos el relativo a la posesión y portación de armas de fuego.

Sin embargo, esta postura ilusoria no sólo significaría postergar el desarrollo de las prácticas democráticas, sino que pondría en riesgo la identidad del país como nación y la pervivencia misma de los ciudadanos, sobre todo de quienes carecen de recursos para allegarse protección especial de escoltas y guardias; de quienes no pueden acceder a espacios de esparcimiento y de socialización, cada vez más privilegiados; de aquellos que tienen el acceso vedado a escuelas y zonas de vivienda con seguridad efectiva...

No hay elementos racionales que admitan el relajamiento de los esfuerzos sociales que apuesta a que, como resultado de actos milagrosos o inerciales, o de simples medidas administrativas, como cambio de funcionarios en el gobierno, sea recobrada la seguridad física y psicológica de los ciudadanos. En el menos peor de los casos, habría que esperar a que un conjunto de circunstancias, a que uno o varios actores políticos o un grupo de organizaciones sociales impulsen y provean de reformas de largo aliento que permitan trascender los gravísimos problemas de institucionalidad, inseguridad y criminalidad que azotan a México y a su población.

En todo caso, la actual crisis debe ser vista como una oportunidad para iniciar una reforma normativa y un proceso de cambio en las prácticas sociales y culturales en varios ámbitos de la vida nacional, sin ignorar el derecho humano a la posesión y portación de armas de fuego, cuyo ejercicio vendría a atemperar al menos el impacto creciente en la sociedad de la situación que aquí se describe, y en particular en la vida de los ciudadanos más vulnerables.

En los últimos años, incluso las zonas de confort de los sectores de ingresos medios, que habían permanecido intocadas por la criminalidad, se han visto erosionadas en mayor o en menor medida. Tal estado de cosas en el país está indicando cuán desastrosa es la opción de mirar hacia otro lado. Es de recordar el informe del representante de Estados Unidos en la Cumbre de San Francisco en 1945 sobre seguridad: "La batalla de la paz debe librarse en dos frentes: El primero es el de la seguridad, en el que la victoria significa libertad respecto del miedo. El segundo es el económico y social, en el que la victoria significa libertad respecto de la miseria. Sólo la victoria en ambos frentes puede asegurar al mundo una paz duradera".[10]

Novena. El derecho de acceso a la información pública y la transparencia pueden servir como espacios de visibilidad y de escrutinio sociales en un proceso de recuperación de derechos humanos, prerrogativa que, por lo demás, no se ha utilizado en alta dosis para estos propósitos. Por sí sola, esta reciente institución jurídica difícilmente puede hacer la diferencia en lo que atañe al combate a la corrupción y la impunidad; sí puede, empero, servir como un ingrediente activo para dar acompañamiento a reformas legales, políticas públicas y creación de nuevas iniciativas sociales de organización que pongan el acento en la protección y seguridad de la vida humana.

[10] Informe sobre Desarrollo Humano, *op. cit.*, nota 18.

En esta dirección se han ido articulando algunos esfuerzos de reflexión y propuestas encaminados a formular diagnósticos en materia de seguridad, procuración y administración de justicia que armonicen la máxima transparencia posible y con las mínimas restricciones deseables en una sociedad democrática. Sin embargo, no se ha dado vida a propuestas de aplicación casuística al tema del derecho de posesión y portación de armas de fuego, probablemente porque su discusión había estado hasta ahora constreñida a zonas periféricas de la agenda nacional. Es factible pensar que las condiciones actuales podrían generar incentivos para socializar y organizar conocimiento sobre esta materia de tan vieja data como de cuño inédito.

Décima. Las nuevas iniciativas de organización social deberán romper los cartabones que han engendrado métodos y proyectos considerados como políticamente correctos y que, por esa misma circunstancia, han encontrado fuentes internacionales de ingresos a través de los denominados *grants* fundacionales. Estos esfuerzos deberán crear comunidades interpretativas de corte horizontal y con capacidad de comunicación y retroalimentación para evitar la marginación, el estigma social y el aislamiento.

Para Fish,[11] las comunidades interpretativas son unidades de personas que comparten una serie de prácticas y hábitos culturales y quienes bajo ese prisma interpretan informaciones y opiniones. De esta manera, una misma información es "leída" y asimilada de manera distinta, según la interpretación de cada comunidad. Esa interpretación es el resultado de valores, hábitos y preferencias que determinan qué es correcto de aquello que no lo es. Por esta razón la necesidad de la horizontalidad que permita crear significantes y significados comunes en el mayor número posible de comunidades. En otras palabras, se puede utilizar la analogía de la teoría de conjuntos, de acuerdo con la cual la parte central comparte el mayor número posible de comunidades, muchas de ellas sustantivamente distintas entre sí. La gran apuesta es colocar la discusión por los derechos civiles, y este derecho en particular, en el centro de ese conjunto que ahora no existe pero que puede existir más temprano que tarde.

[11] Cfr. Fish, Stanley. "Is There a Text in This Class?", *The Authority of Interpretive Communities*, Cambridge, MA, Harvard University Press, 1980.

ANEXOS

ANTECEDENTES DEL ARTÍCULO 10 CONSTITUCIONAL

Artículo 2o y 9o del Bando de José de la Cruz, Brigadier de los Reales Ejércitos, encargado interinamente de la comandancia general de Nueva Galicia, de la presidencia de su Real Audiencia y del gobierno e intendencia de la Provincia, dado en Guadalajara el 23 de febrero de 1811:[1]

Artículo 2. Que todas las municiones, armas de fuego y blancas, incluso machetes y cuchillos que existieren en poder de cualquier persona, sea de la clase o condición que fuere, se entreguen en el término de 24 horas a los jueces encargados de justicia de los pueblos respectivos, y el que así no lo ejecutare sufrirá la pena de muerte.

Artículo 9. Todo paisano que se aprehenda con hacha dentro o fuera de los pueblos con armas de cualquier especie que sean, no teniendo expreso permiso de la autoridad competente para llevarlas, sufrirá la pena de muerte. Asimismo se considerará como enemigo y comprendiendo en la pena de muerte a todo el que camine sin pasaporte, en la inteligencia de que en él se ha de expresar a más del nombre y señas del portador, a dónde va; el camino o ruta que debe llevar, y por cuántos días vale.

Artículo 56 de la Constitución Política de la Monarquía Española, promulgada en Cádiz el 19 de marzo de 1812:[2]

---

1 Instituto de Investigaciones Jurídicas, *op. cit.*, nota 30., p. 423.

2 Ídem.

En la junta parroquial ningún ciudadano se presentará con armas.

Artículo 81 del Decreto Constitucional para la Libertad de la América Mexicana, sancionado en Apatzingán el 22 de octubre de 1814:[3]

Ningún ciudadano podrá excusarse del cargo de elector de parroquia, ni se presentará con armas en la junta.

Artículo 54 del Reglamento Provisional Político del Imperio Mexicano, suscrito en la Ciudad de México el 18 de diciembre de 1822:[4]

Los jefes políticos exigirán de los ayuntamientos el cumplimiento exacto de sus obligaciones, detalladas en la instrucción el 23 de junio de 1813, para el gobierno económico político de las provincias, y vigilarán muy particularmente... sobre el porte de armas prohibidas, embriaguez, riñas, atropellamientos y tumultos...

Bando del 7 de abril de 1824. Nota a la declaración del gobierno que antecede:[5]

Excitado por el ministro de relaciones para remediar los graves males y trastornos que sufre la tranquilidad pública con los abusos que se cometen en la portación de armas, principalmente en los caminos, he resuelto, de conformidad con lo que sobre este punto me consultó el Consejo de Estado, se observen inviolablemente los artículos siguientes:

Artículo 1. Que si en la correspondiente licencia nadie puede aportar ninguna clase de armas, sean las que fueren, a excepción de las que deben usar algunos por razón de empleo o destino que ejerzan.

Artículo 2. Esta prohibición debe entenderse para dentro y fuera de las ciudades y pueblos del distrito de este Estado.

---

[3] Ídem.

[4] Ídem.

[5] Ibídem, p. 424.

Artículo 3. Los alcaldes de los Ayuntamientos de las respectivas poblaciones podrán expedir estas licencias, haciéndolo precisamente por escrito, previo a la calificación que hagan de la buena conducta y honradez del que la solicitare.

Artículo 4. A los contraventores se les aplicará irreversiblemente la pena de cien pesos de multa o seis meses de obras públicas por la primera vez; doble cantidad o tiempo por la segunda, y por tercera además de aplicarles ésta, se les formará el correspondiente proceso por la autoridad competente, perdiendo todas las armas que portaren.

Artículo 5. Los alcaldes y regidores, por sí y por medio de todos sus subalternos, celarán escrupulosamente el cumplimiento de estos artículos, en el seguro concepto de que exigiré a los apáticos la más severa cuenta por su omisión.

Bando del 11 de septiembre de 1830 para que se recojan las armas y prendas de munición y se prohíba comprarlas o retomarlas:[6]

Acreditando la experiencia que a pesar de las providencias que se han dictado para recoger las armas y otras prendas de munición, muchas personas las compran y conservan indebidamente, sin embargo, de las disposiciones que lo prohíben, es de absoluta necesidad tomar nuevas y más eficaces medidas para recogerlas con el doble objeto de reparar en lo posible la pérdida que ha sufrido la nación, y de evitar la perpetración de delitos y otros desórdenes.

Por lo mismo se observarán las prevenciones siguientes:

1a. Todas las personas que por razón de compra, empeño u otro motivo conserven indebidamente en su poder armas u otras prendas de munición, las entregarán sin falta dentro de tercero día en el gobierno del Distrito, bajo la multa de diez hasta cien pesos según las circunstancias.

2a. Se renueva la prohibición de comprar y recibir empeñadas armas u otras prendas de munición bajo la pena que señala el

---

[6] Ídem.

artículo anterior, y sin perjuicio de las demás a que hubiere lugar.

3a. Los armeros no podrán recibir las armas expresadas para componerlas, si no es la de los cuerpos del ejército, por conducto de sus respectivos jefes o comisionados para este efecto.

4a. Todas las personas que tuvieren noticia de que en contravención de los anteriores artículos se reciben y conservan armas y otras prendas de munición, estarán obligadas a ponerlo en conocimiento del gobierno del Distrito para las providencias correspondientes.

Bando del 4 de febrero de 1871 sobre la prohibición de portar armas sin licencias:[7]

La facilidad con que en los tiempos anteriores se han conseguido licencias para portar armas, ha hecho que éstas se hallen en manos de muchas personas que, lejos de inspirar confianza sobre la moderación y buen uso que deberían hacer de aquélla, la experiencia de las desgracias ocurridas dentro y fuera de esta capital, acredita de una manera indudable, cuando menos, la ligereza y poca discreción con que se han conseguido todos los permisos. Para remediar, pues, este abuso de tan funestas consecuencias, y que sólo puede llevar armas el ciudadano honrado y pacífico, que no hará otro uso de ellas que el que aconseja la moderación y prudencia en el caso de una inevitable e innecesaria defensa, he creído conveniente acordar y mandar observar las prevenciones que siguen:

1a.Quedan sin valor ni efecto las licencias de armas concedidas hasta aquí.

2a. El gobernador del Distrito y los alcaldes del excelentísimo ayuntamiento de esta capital, podrán únicamente expedir licencias para portar armas, haciéndolo precisamente a personas conocidas y de notoria honradez, o bajo la responsabilidad de individuos de estas mismas circunstancias.

3a. Las personas que portaren armas sin las correspondientes licencias, sufrirán las penas que señalan las disposiciones vigentes.

Los señores Alcaldes y Regidores, por sí y por medio de sus auxiliares y demás agentes de policía, velarán sobre el puntual

[7] *Ibidem*, p. 425.

cumplimiento de las prevenciones anteriores, sin permitir el menor disimulo.

Bando del 23 de noviembre de 1835 sobre licencias para portar armas en el Distrito Federal y prohibición de portar lazo:[8]

Artículo 1. Cesan de ser válidas todas las licencias concedidas hasta ahora en el Distrito para portar armas.

Artículo 2. El que en lo sucesivo solicite licencia de esta especie, deberá presentar en este gobierno un papel de fianza firmada por dos o más personas conocidas y arraigadas en esta capital, que se obliguen a quedar responsables del uso que podrán hacer de las armas el que pretenda la licencia.

Artículo 3. No se admitirá fianza ni responsabilidad de persona alguna que disfrute de fuero privilegiado de cualquier especie que sea.

Artículo 4. El papel de fianza deberá, además, llevar el visto bueno de uno de los alcaldes constitucionales.

Artículo 5. Las licencias expresarán terminantemente las armas que se permiten.

Artículo 6. No se dará ninguna licencia por encargo sino que deberá acudir a recogerla el mismo interesado, anotándose en ella la filiación de la persona.

Artículo 7. En la misma licencia constarán los nombres del alcalde que la hubiere visado y de las personas responsables.

Artículo 8. No es válida ninguna licencia que tenga adiciones, correcciones o enmiendas, sean las que fueren.

Artículo 9. En caso de que la persona que obtenga la licencia haga mal uso de sus armas, cada uno de los que firmaron la fianza pagarán cien pesos de multa por la primera vez, doble cantidad por la segunda, y no volverá a admitírsele su responsabilidad: todo esto no obstante las demás penas a que por las leyes puedan haberse hecho acreedores.

Artículo 10. La persona que usare armas sin licencia o diferentes de las permitidas o expresadas en ella, será aprehendida inmediatamente y juzgada como sospechosa; y si no resultare contra ella otro cargo que la portación ilícita de armas, perderá éstas

---

8 Ídem.

y pagará, además, una multa de veinticinco pesos o sufrirá un mes de cárcel en caso de no poder pagarla.

Artículo 11. El producto de todas las multas mencionadas se destinará por ahora al pago de las tropas que compongan la guarnición de esta capital.

Artículo 12. A cualquier hora y en cualquier punto donde se perciba una persona con armas, podrá ser requerida por la autoridad, o por sus agentes, a fin de que manifieste la licencia necesaria para usarlas; y en caso de resistencia, sufrirá la pena que imponen las leyes al que resiste a la autoridad.

Artículo 13. Queda absolutamente prohibida la portación de lazo dentro de la capital, y el que contravenga a esta disposición sufrirá las mismas penas establecidas en el artículo 10 anterior.

Artículo 6º del Proyecto de Constitución Política de la República Mexicana, fechado en la Ciudad de México el 16 de junio de 1856:

Todo hombre tiene derecho de poseer y portar armas para su seguridad y legítima defensa. La ley señalará cuáles son las prohibidas y la pena en que incurran los que las portaren.[9]

Se puso a discusión el artículo 6º del proyecto de constitución. Empeñóse un largo debate en que mediaron unos veintidós discursos. Impugnaron el artículo los Sres. Barragán, Zarco, Cerqueda, Villalobos y Ruiz; lo defendieron los Sres. Cendejas, García Granados, Prieto, Arriaga, Ramírez, Moreno, Gamboa, Olvera y Guzmán.

Los impugnadores temían mucho que se abusara de ese derecho concedido de una manera absoluta, y querían que el pueblo estuviese armado en defensa de sus derechos, pero en la Guardia Nacional. El Sr. Barragán proponía esta nueva redacción: "Todo hombre tiene el derecho de portar armas. La ley reglamentará el ejercicio de este derecho". El Sr. Zarco, sin oponerse a que todos los hombres anden armados en los caminos, y a que en las fronteras todos puedan defenderse de los bárbaros, cree indigno de una nación civilizada que la constitución declare que el poder público no puede amparar a los hombres, y que éstos necesitan defender-

---

9 *Ibidem*, 426.

se por sí mismos; le parece que esto es más propio de una ley secundaria o de un reglamento de policía que de una constitución; y teme que en lo de adelante ya no haya reyertas de palabras, sino que la menor disputa se decida a estocadas y a balazos, y teme también el abuso que las facciones que quieran extraviar al vulgo, pueden hacer uso de este derecho.

El Sr. García Granados no teme ningún mal, puesto que los ladrones ya están armados, y que se trata de armar a los que tienen que defenderse de ellos.

El Sr. Prieto cree que los temores nacen de pura imaginación, que se trata del derecho natural, y que reglamentado este derecho por la ley, no hay que temer ningún abuso.

El Sr. Cerqueda no se tranquiliza con estas explicaciones.

El Sr. Ramírez, definiendo al hombre como un animal imperfecto, cree que las armas remedian el defecto de su debilidad, como las ciencias el de su ignorancia, como la moral el de su inclinación a lo malo. Se opone a que se monopolice la fuerza, como se opone a que se monopolice la ciencia y la virtud, y propone como adición que se diga que todos los hombres tienen obligación de tener sus armas para el servicio público.

El Sr. Moreno acepta esta idea, pero no está por restricciones que puedan nulificar el derecho.

El Sr. Arriaga comenta extensamente el artículo, nota que el proyecto da a los ciudadanos el derecho de pertenecer a la Guardia Nacional, no teme que las restricciones nulifiquen la ley, porque ésta debe ser expedida por el Congreso. Cree conveniente que se declare cuáles son las armas prohibidas. Sostiene el derecho de legítima defensa, y es por fin el orador que con mejores razones y menos exageraciones defiende el artículo.

El Sr. Villalobos refuta los argumentos del Sr. Ramírez, y observa que concebido el derecho con tanta latitud, el derecho de reunión y el electoral se ejercerán con las armas en la mano.

El Sr. Cendejas pronunció un extensísimo discurso, en que se mostró muy poco indulgente, no sólo con los impugnadores, sino también con los defensores del artículo. Los primeros que hablan de policía y de leyes secundarias desnaturalizan la cuestión, la ven bajo un aspecto que no tiene, y no se remontan a lo que el orador llama filosofía del derecho constitucional. Entre los segundos el Sr. Ramírez no queda muy bien parado, pues aunque inició bien la cuestión, como se permitió una que otra ironía, el Sr. Cendejas le echa en cara su falta de circunspección y el haberse apartado de la verdadera filosofía. El orador se encumbra poco a poco a la región de las abstracciones, donde humildemente confesamos que no puede seguirlo ni nuestra inteligencia, ni nuestra pobre pluma de cronistas. Cree que se trata de la emancipación del género humano, y en su entusiasmo compara el artículo 5º del proyecto en sus resultados morales con los que en el mundo físico tuvo el descubrimiento de la América.

Sostiene que en las sociedades modernas el hombre debe estar armado, se detiene en consideraciones filosóficas sobre lo que es un fusil, sobre las armas primitivas, que debieron ser las uñas y los dientes, y por fin llega a decir que los pueblos serán felices cuando no necesiten soldados que los protejan, unos médicos que los curen, ni abogados que los defiendan, ni *sacerdotes que los encomienden a Dios. El artículo se divide en partes y todavía sigue un debate muy reñido, en que fulgura el entusiasmo del Sr. Prieto, presentando notable contraste con las tranquilas objeciones del Sr. Ruiz. El Sr. Cendejas vuelve a la liza; se opone a toda restricción, quiere el derecho enteramente absoluto, y al fin entre su señoría y el Sr. Villalobos se entabla un vivo diálogo sobre si hay contradicciones en dar el derecho absoluto y en restringirlo para los actos electorales.*

Debemos añadir que en muchos discursos hubo el tecnicismo de las circunstancias, esto es, que se habló de puñales, dagas, espadas, sables, trabucos, tranchetes, verduguillos, rifles, pistolas, escopetas de viento, piedras, reatas, culebrinas, alabardas, tijeras, corta-plumas, navajas, estiletes y cuanto ha inventado la industria humana para destruir a los hombres o para defenderlos, que es de lo que ayer se trataba.

La primera parte del artículo fue aprobada por 67 votos contra 21, y la segunda por 58 contra 21 (es el art. 10 de la constitución).

La mesa anunció que el señor presidente nombraba para formar la comisión especial que ha de revisar el Estatuto a los Sres. Díaz Barriga, Zarco y Ramírez (D. Ignacio).[10]

[10] Zarco, Francisco, *Historia del Congreso. 1856-1857*, México, 1857, tomo I, p. 558. *Nota del editor:* El texto reproducido se sometió a una corrección básica de ortografía con parámetros contemporáneos que no altera el fondo de los conceptos expresados ni el valor histórico del documento.

Bando del 26 de noviembre de 1857 sobre la portación de armas:[11]

El C. Agustín Alcérreca, general de la brigada en jefe de la de su mando, y gobernador interino del Distrito, a sus habitantes, sabed:

Considerando que una de las primeras necesidades para la conservación de la tranquilidad pública, y seguridad individual es corregir el abuso que se ha notado por este gobierno de la portación de toda clase de armas sin la licencia respectiva, no obstante la multitud de privaciones que se han expedido, renovando la prohibición, y que no han sido derogadas ni por la costumbre ni por otras leyes en contrario, he tenido a bien decretar lo siguiente:

1. Ningún ciudadano podrá portar armas para su defensa sino previa licencia expedida por este gobierno con arreglo a lo prevenido en el bando del 24 de agosto de 1856.

2. Queda renovada la prohibición del uso del lazo dentro de las poblaciones, permitiéndoseles únicamente a los que por su ejercicio tengan necesidad de portarlo y esto previa la licencia de que habla el artículo anterior.

3. El que infringiere estas disposiciones, pagará el cuádruplo del importe de la licencia que debía de haber sacado, conforme a lo prevenido en la ley del 13 de febrero de 1857, publicada el 18 del mismo, o sufrirá un mes de prisión.

Y para que llegue a noticia de todos, mando se imprime y publique por mando fijándose en los parajes de costumbre y circulándose a quienes corresponda. México, noviembre 26 de 1857. Agustín Alcérreca. Manuel Romero, secretario.

II. Circular de la Secretaría de Guerra sobre la libertad de poseer y portar armas fechada en la Ciudad de México el 4 de noviembre de 1861:[12]

---

[11] Instituto de Investigaciones Jurídicas, UNAM, *op. cit.*, nota 30, p. 427.

[12] Ídem.

El excelentísimo señor Presidente, que desea hacer efectivas todas las garantías y derechos que la Constitución da a los ciudadanos me manda prevenir a usted, para que a su vez lo haga con todas las autoridades y empleados que le están subordinados, se dé eficaz cumplimiento al artículo 10, sección primera de la expresada Carta Fundamental, que deja libertad a todo individuo de poseer y portar armas para su seguridad y legítima defensa.

En consecuencia, y sin que pueda por motivo alguno desarmarse a los ciudadanos pacíficos, y entregados a ocupación legal, sólo cuidará de recoger el armamento que conocidamente pertenece al ejército, y que siendo de la nación, no debe ni puede estar en poder de sus tropas o en sus almacenes.

Dios y Libertad, México, etc., Ortega.

III. Decreto del 25 de diciembre de 1861 que ordena que se entreguen por los particulares las armas de munición que tuvieren:[13]

El C. Benito Juárez, Presidente Constitucional de los Estados Unidos Mexicanos, a sus habitantes, hago saber:

Que en uso de las amplias facultades con que me hallo investido, he tenido a bien decretar lo siguiente:

Artículo 1. Todo habitante de la República que no esté legalmente empleado en el servicio militar, entregará en el perentorio término de tres días, después de publicado este decreto, al comandante militar del lugar donde resida, o en su falta a la primera civil, todas las armas que tenga en su poder y que puedan aplicarse al servicio del Ejército, conocidas con el nombre de munición.

Artículo 2. Las armas de la clase referida que no pertenezcan a la nación y que existan para especular en poder de cualquier armero o comerciante nacional o extranjero, se entregarán en el propio término y en calidad de depósito, hasta que el interesado las enajene o se arregle con la autoridad para que se le satisfaga su importe.

Artículo 3. Los particulares o comerciantes que tengan cualquier existencia de armas de uso particular, ya sean de fuego o

[13] *Ibidem*, p. 428.

blancas, de lujo o corrientes, presentarán en el mismo término una relación de su número, calidad y objeto con que las tengan.

Artículo 4. El infractor de cualquiera de los artículos anteriores, si fuere mexicano, será considerado como traidor a la Patria y castigado con sujeción a las leyes militares; y si fuere extranjero, será expulsado inmediatamente del territorio nacional como pernicioso.

Artículo 5. La autoridad civil o militar dará a la superioridad noticia pormenorizada de las armas que recoja y providencias que tome para la puntual ejecución de este decreto.

Por tanto, mando se imprima, publique, circule y se le dé el debido cumplimiento. Dado en el Palacio Nacional de México, a 25 de diciembre de 1861. Benito Juárez. Al C. general Pedro Hinojosa, Ministro de Guerra y Marina.

Y lo comunico a usted para su cumplimiento y fines consiguientes.

Libertad y Reforma, México, etcétera, Hinojosa.

IV. Ley del 31 de enero de 1868:[14]

Artículo 10. Todo hombre tiene derecho de poseer y portar armas para su seguridad y legítima defensa. La ley señalará cuáles son las prohibidas y la pena en que incurren los que las portaren.

Bando de 29 de enero de 1870:[15]

El C. Francisco A. Vélez, gobernador del Distrito Federal, a sus habitantes hace saber:

Que en cumplimiento de lo prevenido en el artículo 4° de la ley de 15 del corriente, publicada en 22 del mismo, he dispuesto expedir el siguiente reglamento sobre portación de armas:

Artículo 1. Es prohibido el uso de las armas blancas, conocidas con el nombre de cortas.

---

[14] Ídem.

[15] Ídem.

Artículo 2. Para la portación de las armas de uso lícito, se requiere la licencia de este gobierno, la cual se expedirá con el retrato del que la solicite, y previa la fianza de dos personas abonadas, a juicio del mismo gobierno.

Y para que llegue a noticia de todos, mando se imprima, publique y circule a quienes corresponda. México, enero 29 de 1870. Francisco A. Vélez. Joaquín O. Pérez, secretario.

VI. Reglamento del 3 de octubre de 1893 sobre la portación de armas:[16]

Siendo necesario reprimir a todo trance los delitos contra las personas, especialmente los que se verifican debido al abuso del ejercicio del derecho que garantiza a los ciudadanos la libertad de poseer y portar armas para su seguridad y legítima defensa, he dispuesto, previa la aprobación superior: que entretanto se expida la ley respectiva, se observen las siguientes disposiciones de policía y buen gobierno:

Artículo 1. En el Distrito Federal todo hombre tiene derecho de poseer y portar armas para su seguridad y legítima defensa.

Artículo 2. Para hacer uso de este derecho, se requiere: ser mayor de dieciocho años, autorización escrita expedida por la autoridad política del lugar del domicilio del interesado, con las estampillas a que se refiere la fracción LIII de la tarifa de la Ley Federal del Timbre vigente, y llevar el arma a la vista.

Artículo 3. Esta autorización o licencia será válida tan sólo por un año, contando desde la fecha de su expedición.

Artículo 4. Quedan exceptuados de esta obligación los individuos pertenecientes al Ejército y la Armada Nacional, así como los de la fuerza de seguridad y de policía en servicio activo, y los que desempeñen algún empleo o comisión fiscal o de interés público, si por razón de ellos tienen necesidad de portar armas.

Artículo 5. Los que sin estar comprendidos en el artículo anterior, portasen alguna arma sin autorización o habiendo colocado ésta, incurrirán en la multa de uno a cien pesos o sufrirán, en caso

[16] *Ibidem*, p. 429.

de insolvencia, el arresto equivalente, y en todo caso se decomisarán las armas que se aprehendan.

Artículo 6. Se considerarán como armas prohibidas, para los efectos de estas prevenciones, las envenenadas, las que arrojen proyectiles corrosivos o explosivos o sin producir detonación, y en general, todo instrumento punzante, cortante o contundente, que no pueda tener más objeto que la ofensa y sea de fácil ocultación por su forma o tamaño.

Artículo 7. Las autoridades políticas a quienes se encomienda la expedición de las autorizaciones o licencias a que se refiere el artículo 2, tomarán razón pormenorizada de cada una de ellas en el registro que llevarán al efecto, asentando la filiación del interesado, quien dejará por duplicado su retrato fotográfico y satisfará la cuota de dos pesos por el permiso citado, así como para su renovación cuando ésta sea solicitada.

Artículo 8. No incurre en pena alguna el que porta algún instrumento de su oficio, aunque pueda emplearse como arma, siempre que lo lleve a la vista y precisamente para ejercer aquél.

Artículo 9. Los prefectos políticos de los distritos impondrán las penas a que se refiere el artículo 5°, con arreglo a la facultad que les concede el artículo 6° del reglamento del 25 de marzo de 1862, consignando a este gobierno al responsable, cuando en su concepto sea acreedor a mayor castigo.

Artículo 10. Las demás infracciones serán penadas por el gobernador del Distrito, conforme a las circunstancias y con arreglo a sus facultades.

México, octubre 3 de 1893. Pedro Rincón Gallardo, Nicolás Islas y Bustamante, secretario.

VII. Artículo 10 de la Constitución de 1917:[17]

Ciudadanos diputados:

El derecho de portación de armas aparece mejor establecido en el artículo 10 del proyecto de Constitución, que en la de 1857, pues se sujeta ese derecho, dentro de las poblaciones, a los reglamentos de policía, y se prohíbe a los particulares usar la misma

[17] Congreso Constituyente. 1916-1917, *op. cit.*, nota 191.

clase de armas que el Ejército, Armada y Guardia Nacional. Proponemos, por tanto, se apruebe el:

Artículo 10.- Los habitantes de la República Mexicana son libres de poseer armas de cualquier clase para su seguridad y legítima defensa, hecha excepción de las prohibidas expresamente por la ley y de las que la nación reserva para el uso exclusivo del Ejército, Armada y Guardia Nacional; pero no podrán portarlas en las poblaciones sin sujetarse a los reglamentos de policía.

Querétaro de Arteaga, 16 de diciembre de 1916.- Gral. Francisco J. Múgica.- Alberto Román.- L. G. Monzón.- Enrique Recio.- Enrique Colunga.

[Está a discusión. Las personas que deseen hacer uso de la palabra, se servirán a inscribirse. ¿No hay quien haga uso de la palabra? En tal virtud, por acuerdo de la Presidencia, se aplaza la votación de este artículo para más tarde, a fin de ver si es posible votarlo junto con otros.]

El dictamen referente al artículo 11 dice:

Ciudadanos diputados:
El breve comentario hecho por la comisión al artículo anterior, es aplicable al artículo 11 del proyecto de Constitución. La libertad de tráfico a que se refiere este artículo, deja a salvo las facultades de la autoridad judicial en materia civil y penal, y las de la autoridad administrativa en relación con las leyes de emigración, inmigración y salubridad general y extranjeros perniciosos.
Propone la comisión de la Asamblea se sirva aprobar el siguiente:

Artículo 11. Todo hombre tiene derecho para entrar a la República, salir de ella, viajar por su territorio y lugar de residencia, sin necesidad de carta de seguridad, pasaporte, salvoconducto u otros requisitos semejantes. El ejercicio de este derecho estará subordinado a las facultades de la autoridad judicial, en los casos de responsabilidad criminal o civil, y de la autoridad administrativa, por lo que toca a las limitaciones que imponga la ley sobre emigración, inmigración y seguridad general de la República, o sobre extranjeros perniciosos residentes en el país.

Querétaro de Arteaga, 16 de diciembre de 1916.- General Francisco J. Múgica.- Alberto Román.- L.G. Monzón.- Enrique Recio.- Enrique Colunga.

[...Las personas que deseen hacer uso de la palabra, se servirán pasar a inscribirse. ¿No hay quien haga uso de la palabra? (Voces: ¡No! ¡No!) En tal virtud, se reserva para la votación con los artículos 10 y 11.

[Por acuerdo de la Presidencia se pregunta a los ciudadanos diputados, si están de acuerdo en que en un solo acto se proceda a la votación de los tres artículos anteriores. En tal caso, se sirvan indicarlo así, a fin de tomar la votación correspondiente. (Voces: ¡Sí! ¡Sí!) (Se procede a la votación.)

[¿No falta algún ciudadano diputado por votar? En votación nominal y por unanimidad han sido aprobados proyectos 10, 11 y 12 del proyecto de Constitución, presentado por el ciudadano Primer Jefe del Ejército Constitucionalista.]

VIII. Aprobación del decreto en virtud del cual se reforma el artículo 10 de la Constitución Política de los Estados Unidos Mexicanos:[18]

-El C. secretario Pavón Bohaine, Manuel:

Segunda Comisión de Puntos Constitucionales.
Honorable Asamblea:

Con apoyo en la fracción I del artículo 71 de la Constitución Política de los Estados Unidos Mexicanos y en los términos establecidos por el artículo 135 de la propia Constitución, el C. Presidente de la República sometió a la consideración del Constituyente Permanente, por conducto de la honorable Cámara de Senadores, una iniciativa de reforma al artículo 10 de la Constitución Política de los Estados Unidos Mexicanos.

---

[18] Cámara de Diputados, Legislatura XLVII, *Diario de los Debates*, México, 18 de diciembre de 1967, en: *http://cronica.diputados.gob.mx/DDebates/47/1er/Ord/19671229.html*

La Colegisladora, en uso de las facultades que le confieren los artículos 71, 72, 73 y 135 de la Constitución; 55, 56, 57 y demás relativos del Reglamento para el Gobierno Interior del Congreso de la Unión, previos los trámites de la ley, aprobó en sus términos, mediante el Decreto respectivo, la iniciativa del Ejecutivo Federal y oportunamente lo remitió a la H. Cámara de Diputados, para los efectos constitucionales correspondientes.

De conformidad con las disposiciones del Reglamento del Congreso, se turnó el proyecto de la Segunda Comisión de Puntos Constitucionales que suscribe, para que en ejercicio de sus funciones formulara el dictamen correspondiente.

De inmediato y en cumplimiento del encargo que nos fue conferido, los miembros de la Comisión procedimos al estudio de la iniciativa y llegamos a la conclusión de que por su importancia, así como por sus propios y legales fundamentos, es procedente y debe aprobarse en los términos en que ha sido formulada por el Poder Ejecutivo Federal y aprobada por el Senado de la República.

Fundamos nuestro dictamen aprobatorio en las consideraciones siguientes.

El artículo 10 constitucional en vigor, establecido como una garantía individual en la Constitución de 1917, señala:

"Los habitantes de los Estados Unidos Mexicanos tienen libertad de poseer armas de cualquier clase, para su seguridad y legítima defensa, hecha excepción de las prohibidas por la ley y de las que la nación reserve para el uso exclusivo del Ejército, Armada y Guardia Nacional; pero no podrán portarlas en las poblaciones sin sujetarse a los reglamentos de la policía."

Del contenido del artículo constitucional, motivo de la reforma, se desprenden indiscutiblemente tres presupuestos jurídicos:

a) El derecho de los habitantes del país para poseer armas, de cualquier clase, para su seguridad y defensa.

b) La prohibición de poseer determinadas armas.

c) Los requisitos para portarlas en las poblaciones, con sujeción a reglamentos policiacos.

La reforma que se propone, modifica substancialmente dos de esos presupuestos en vigor, estableciendo nuevas modalidades a esa garantía individual; que el derecho de poseer armas se limita al domicilio de los habitantes del país; la segunda: que la portación de las armas quedará sujeta a las disposiciones de una ley federal.

Se adiciona, además, la Fuerza Aérea a las instituciones militares para las que se reserva el uso exclusivo de determinado tipo de armas.

Es indiscutible la importancia de las dos modificaciones, que se proponen en el proyecto de reformas al artículo 10 de nuestra Carta Magna; reformas que tienen como finalidad fundamental controlar constitucionalmente el uso indebido de toda clase de armas, y proteger a la colectividad del temor, de la inseguridad y de los abusos de quienes, al amparo de una garantía individual, que tuvo su razón de ser en otras épocas, ponen en peligro a los integrantes de la sociedad con la realización de actos delictivos, a veces premeditados y a veces irreflexivos, que surgen de la posesión y portación de una arma.

La restricción de la posesión de las armas exclusivamente al domicilio, significa la adecuada, legal y justa respuesta al clamor público por parte del Primer Mandatario de la Nación, que haciéndose eco del sentir nacional propone una acertada reforma constitucional, que vendrá a garantizar el orden, la paz y la seguridad de las personas y de la colectividad, con la prohibición expresa de una posesión indebida por parte de quienes, sin motivo legal alguno, tienen y utilizan armas al amparo del derecho constitucional, actualmente en vigor.

Fundamentalmente la iniciativa viene a constituir un factor de vital importancia, en la lucha que el Gobierno viene desarrollando contra la criminalidad y el "pistolerismo"; significa una aportación más, de carácter jurídico y esencialmente constitucional, a la obra educativa, económica, material y de justicia social que incansablemente viene desarrollando el Gobierno Federal para dar al pueblo de México mejores condiciones de vida, mayor seguridad así como un clima de paz en el que la ciudadanía pueda actuar libre de todo temor, con plena garantía de sus bienes y de su persona, para dedicarse a fincar la grandeza y prosperidad de la patria.

Por lo que respecta a la segunda modalidad de la reforma constitucional, en el sentido de que la Ley Federal determinará las condiciones en que se podrá autorizar la portación de armas, la consideramos también de gran trascendencia y eficacia, para el absoluto control de la portación de toda clase de armas.

Ante la variedad de disposiciones reglamentarias de tipo policiaco que existen, tanto en el Fuero Común como el Federal en ma-

teria de portación de armas y ante las diferentes interpretaciones a que se ha prestado la parte final del artículo 10 constitucional nada mejor, desde el punto de vista jurídico y de la realidad, que sea una Ley Federal, reglamentaria de un artículo constitucional, la que rija sobre la materia y determine los presupuestos jurídicos para la portación de armas.

Sin lugar a duda la expedición de una Ley Federal, que coordine y unifique todas las disposiciones y actividades sobre la materia, dará mayor eficacia a la finalidad que se persigue con la reforma constitucional del artículo 10.

La libertad otorgada en el artículo 10 constitucional, en vigor, constituye una garantía individual que se estableció en las constituciones de 1857 y 1917, motivado por las situaciones políticas y materiales que privaban en el país, circunstancias que justificaron ese derecho ciudadano en esas épocas. Ese derecho individual actualmente ya no se justifica ni tiene razón de ser, en la forma como se encuentra establecido dado que, como acertadamente se ha señalado, la superación del régimen democrático mexicano permite que el Estado garantice, cada vez más eficazmente, la seguridad y el orden en el país y de protección legal de la ciudadanía; por lo tanto ya no se concibe, en nuestro sistema jurídico, que se otorgue a los individuos una libertad sin límites para poseer armas, libertad que ha dado lugar a un abuso indebido de los sistemas y proliferado la realización de actos delictuosos, que se hace necesario reprimir mediante la reforma motivo de este dictamen.

Por lo expuesto y con apoyo en los preceptos legales citados en el cuerpo de la presente resolución, la Comisión se permite someter a la aprobación de vuestra soberanía el siguiente proyecto de Decreto que reforma el artículo 10 de la Constitución de los Estados Unidos Mexicanos:

Artículo Único. Se reforma el artículo 10 de la Constitución de los Estados Unidos Mexicanos, para quedar como sigue:

Artículo 10. Los habitantes de los Estados Unidos Mexicanos tienen derecho a poseer armas en su domicilio, para su seguridad y su legítima defensa, con excepción de las prohibidas por la ley federal y de las reservadas para el uso exclusivo del Ejército, Armada, Fuerza Aérea y Guardia Nacional. La ley federal determinará los casos, condiciones, requisitos y lugares en que se podrá autorizar a los habitantes la portación de armas.

Transitorio.

Único. La presente reforma entrará en vigor el mismo día de que entre en vigor la Ley Federal Reglamentaria a la que la misma se refiere.

Sala de Comisiones de la Cámara de Diputados del H. Congreso de la Unión.- México, D. F., a 29 de diciembre de 1967.- Diputado Octavio A. Hernández González.- Diputado Manuel González Hinojosa.- Diputado Humberto Acevedo Astudillo.- Diputado Fernando Peraza Medina. Trámite: Primera lectura.

[El C. Acevedo Astudillo, Humberto: Pido la palabra.

[El C. presidente: Tiene la palabra el ciudadano diputado Humberto Acevedo.

[El C. Acevedo Astudillo, Acevedo: Señor presidente: Es evidente la importancia nacional que tiene la iniciativa del señor Presidente de la República para reformar el artículo 10 de la Constitución; reforma que de ser aprobada, como esperamos, por esta honorable asamblea, tiene que turnarse oportunamente a todas las legislaturas de los estados para su confirmación.

[La Comisión que suscribió el dictamen está integrada por miembros de tres partidos que la promueven de conformidad. Por lo tanto, por su importancia nacional, por ser de urgente resolución, y con apoyo en el Reglamento, solicito muy respetuosamente se pregunte a la asamblea si es de dispensarse su segunda lectura, y que se ponga a discusión.

[El C. presidente: Suplico a la secretaría consulte a la asamblea.

[El C. secretario Pavón Bahaie, Manuel: En votación económica se consulta a la asamblea si es de dispensarse el trámite de segunda lectura. Los que estén de acuerdo, sírvanse manifestarlo. Dispensado el trámite.

[Está a discusión el dictamen único de que consta el dictamen.

[No habiendo quien haga uso de la palabra, se procede a tomar la votación nominal. Por la afirmativa.

[El C. secretario Arana Morán, José: Por la negativa.

[(Votación.)

[El C. secretario Pavón Bahaine, Manuel: ¿Falta algún ciudadano diputado de votar por la afirmativa?

[El C. secretario Arana Morán, José: ¿Falta algún ciudadano diputado de votar por la negativa?

[Se procede a recoger la votación de la Mesa.

[(Votación.)

[El C. secretario Pavón Bahaine, Manuel: Aprobado el proyecto de Decreto, por unanimidad de 185 votos. Pasa a las legislaturas de los estados para sus efectos constitucionales.]

IX. Aprobación del Proyecto de Ley Federal de Armas de Fuego y Explosivos:[19]

Comisiones Unidas de Gobernación, de la Defensa Nacional y de Estudios Legislativos.

Honorable Asamblea:

A las Comisiones Unidas de Gobernación, de la Defensa Nacional y de Estudios Legislativos, les fue turnada para su estudio y dictamen la minuta Proyecto de Ley Federal de Armas de Fuego y Explosivos, que fue enviada por el Ejecutivo de la Unión de acuerdo con la facultad que le confiere la fracción I, del artículo 71 constitucional, al honorable Senado de la República.

Estas comisiones llevaron a cabo el estudio minucioso de la Iniciativa a que se hace referencia en el dictamen de la Colegisladora; la que llevó a cabo con la intervención de las Comisiones correspondientes de esta honorable Cámara de Diputados, un amplio cambio de impresiones con las Dependencias que aplicarán la Ley y particulares que quedarán comprendidos dentro de la misma.

Del estudio del Proyecto que nos ocupa, las suscritas Comisiones destacan las siguientes consideraciones:

A partir de la Constitución Federal de 1857, se estableció que los habitantes de la República tienen derecho a poseer y portar armas para su seguridad y legítima defensa, y que la Ley señalaría cuáles

---

[19] Cámara de Diputados, XLVIII Legislatura, *Diario de los Debates*, México, 29 de diciembre de 1971, en *http://cronica.diputados.gob.mx/DDebates/48/2do/Ord/19711229.html*

serían prohibidas y la pena en que ocurrirían quienes las portaren.

La Constitución de 1917 consagró como garantía individual la posesión y portación de armas. El artículo 10 constitucional condiciona ese derecho a la seguridad y legítima defensa de las personas; a la prohibición de las que la nación reserva para uso exclusivo del Ejército, Armada y Guardia Nacional, y a las que el legislador tuviera por prohibidas. Se sujetó así mismo la portación de armas en las poblaciones a los reglamentos de la policía.

De acuerdo con el artículo 10 constitucional, se expidieron, sucesivamente: la Ley que declara las armas que la nación reservó para uso del Ejército, Armada e Institutos armados para la Defensa Nacional, de 2 de agosto de 1933, publicado en el Diario Oficial de la Federación *[DOF] el 9 de septiembre del propio año; el Reglamento para la portación de armas de fuego, expedido el 30 de agosto de 1933, publicado en el DOF el 26 de septiembre de ese año, con las reformas y adiciones publicadas el 17 de junio de 1953 en el multicitado DOF; el Reglamento para la compraventa, transporte y almacenamiento de armas de fuego, municiones, explosivos, agresivos químicos y artificios, y uso y consumo de estos 3 últimos, del 19 de mayo de 1953, publicado en el DOF el 17 de junio del mismo año; y el Reglamento para la fabricación, organización, reparación y exportación de armas de fuego, municiones, explosivos, agresivos químicos y artificios, del 19 de mayo de 1933, publicado en el DOF el 17 de junio de ese año y reformado por decreto publicado en el DOF el 3 de agosto de 1955.*

Las deficiencias del régimen jurídico previsto en los ordenamientos antes citados fueron corregidas con fundamento en el artículo 135 de la Constitución Política de los Estados Unidos Mexicanos, por virtud de la Reforma del artículo 10 constitucional a fin de combatir el pistolerismo, sujetar la posesión y portación de armas en el país a las limitaciones exigidas por la paz y tranquilidad de sus habitantes, y para expedir una Ley de carácter Federal la cual, acorde con las circunstancias imperantes en el territorio mexicano, determinará los casos, condiciones y lugares que sirvieran de base para otorgar licencias de portación de armas y de actividades relacionadas con la fabricación de armas de fuego y explosivos, así como su transportación y control.

De acuerdo con la evolución y desarrollo político y social del pueblo mexicano, por mucho tiempo se hizo sentir la necesidad de la elaboración de una adecuada Ley Federal que, normada por la Constitución, tuviere la ventaja de llevar un control efectivo y unitario de todo lo relacionado con las armas de fuego y explosivos. Para cumplir su misión, el Poder Ejecutivo de la Unión, garantizando el orden y el desarrollo interior, pacífico y armónico de las actividades de los habitantes de los Estados Unidos Mexicanos, se consideró indispensable legislar sobre la materia que nos ocupa.

La Iniciativa de referencia cumple con el requisito constitucional de señalar las armas prohibidas a los particulares, las que son reservadas para uso exclusivo del Ejército, Armada y Fuerza Aérea.

La Iniciativa señala las condiciones y requisitos para autorizar la portación de armas, con el objeto de garantizar la tranquilidad del país, evitar en lo posible hechos de sangre y prevenir el pistolerismo, así como asegurar el respeto a la vida y derechos de los habitantes de la nación. Asimismo, se busca proteger a la colectividad del temor y la inseguridad y de los abusos de quienes ponen en peligro a la sociedad, y de quienes hacen uso de armas con el propósito de atentar contra la vida o el patrimonio de las personas.

Es importante señalar que la Iniciativa de Ley armoniza las disposiciones constitucionales que establecen la competencia del Poder Ejecutivo por conducto de las Secretarías de Gobernación y de la Defensa Nacional.

La iniciativa de que informa el dictamen de la Colegisladora se estructura en la forma siguiente:

Un capítulo único que señala las bases generales, en el cual se determina a qué autoridades compete la aplicación de esta Ley y declara que estas disposiciones son de interés público.

El Título Segundo está relacionado con la posesión y portación de armas, indicando cuáles pueden usar los particulares y cuáles son de uso exclusivo del Ejército Nacional.

El Capítulo Primero contiene disposiciones preliminares.

El Capítulo Segundo trata de la posesión de armas en el domicilio de particulares.

El Capítulo Tercer señala las condiciones, casos, requisitos y lugares para la portación de armas.

El Título Tercero trata de la fabricación, comercio, importación, exportación y actividades conexas, y el capítulo primero contiene: Disposiciones Preliminares.

El Capítulo Segundo norma las actividades y operaciones industriales y comerciales.

El Capítulo Tercero la importación y explotación.

El Capítulo Cuarto rige el transporte.

El Capítulo Quinto del almacenamiento.

El Capítulo Sexto se refiere al control y vigilancia.

El Título Cuarto contiene sanciones y los artículos transitorios.

Ya se ha señalado que las disposiciones de la Ley son de interés público y establecen a qué autoridades compete su aplicación directa y la que corresponde a otras, en el ámbito de sus respectivas atribuciones; se crea el Registro Federal de Armas. En los términos del artículo 10 constitucional, se otorga permiso para la posesión y portación de armas a los ciudadanos, con la excepción de las reservadas para uso exclusivo del Ejército, Armada y Fuerza Aérea y de las prohibidas por la ley.

El proyecto de que se trata reglamenta en forma especial la autorización para la portación de armas por parte de quienes se dediquen a las actividades deportivas de cacería, tiro y pesca.

Para llevar a cabo funcionalmente el registro de armas, los particulares que las adquieran o posean deben hacer la manifestación correspondiente, obligación que incluye a los funcionarios, empleados públicos y miembros de los cuerpos de policía federales, estatales y municipales.

La formación de colección o museo de armas requieren de los permisos correspondientes, así como la venta de las armas que los integran.

Las licencias para portar armas se clasifican en particulares y oficiales; las particulares podrán ser obtenidas por todo individuo que radique en los Estados Unidos Mexicanos, con la sola condición de acreditar su modo honesto de vivir y la necesidad de su utilización, pagando los derechos de expedición de las licencias y exceptuando del pago de esos derechos al sector de ejidatarios, comuneros y jornaleros del campo, en un acto de justicia social, tomando en consideración su situación económica.

En la iniciativa multicitada se señalan diferentes tipos de permisos para que los particulares se dediquen a actividades y operaciones relacionadas con armas y explosivos, normando el procedimiento para su importación, la exportación, transporte y almacenamiento; asimismo establece el régimen de su control y vigilancia.

Es importante señalar que clasifica como delito con severa penalidad la introducción clandestina de armas, municiones y explosivos, no sólo a los introductores ilícitos de armas y materiales conexos, sino también a funcionarios y empleados que defraudan la confianza en ellos depositada por el Estado.

Se considera que esta iniciativa satisface una necesidad social en materia de seguridad de las personas y de sus bienes, constituyendo una respuesta adecuada al clamor público haciendo eco al sentir nacional y coadyuvando a garantizar el orden, la paz y la seguridad de las personas, así como la colectividad en el país.

La iniciativa de ley materia de este dictamen cumple con las normas que establecen la competencia de las Secretarías de Gobernación y de la Defensa Nacional, en los términos de los artículos 2o., fracción XXII, y 4o., fracciones XVI y XVII de la ley de Secretarías y Departamentos de Estado.

Por lo anteriormente expuesto y considerando que la iniciativa de Ley Federal de Armas de Fuego y Explosivos satisface una necesidad social en materia de seguridad de las personas y de sus bienes, nos permitimos someter a la aprobación de la honorable Asamblea el siguiente Proyecto de Ley Federal de Armas de Fuego y Explosivos.

Título primero.

Capítulo único.

Bases generales:

Artículo 1o. Las disposiciones de esta Ley son de interés público.

Artículo 2o. La aplicación de esta Ley corresponde a:

I. El Presidente de la República;

II. La Secretaría de Gobernación;

III. La Secretaría de la Defensa Nacional [SDN]; y

IV. A las demás autoridades federales en los casos de su competencia.

Artículo 3o. Las autoridades de los Estados, del Distrito y Territorios Federales y Municipios, en sus correspondientes ámbitos de competencia, tendrán la intervención que esta Ley y sus Reglamentos les señalan.

Artículo 4o. Corresponde al Ejecutivo de la Unión por conducto de las Secretarías de Gobernación y de la Defensa Nacional, dentro de las respectivas atribuciones que esta Ley y su Reglamento les señalen, el control de todas las armas en el país, para cuyo efecto se llevará un Registro Federal de Armas.

Artículo 5o. El Ejecutivo Federal, los Gobiernos de los Estados, del Distrito y Territorios Federales y los Ayuntamientos, realizarán campañas educativas permanentes, que induzcan a reducir la posesión, la aportación y el uso de armas de cualquier tipo.

Por razones de interés público, sólo se autorizará la publicidad de las armas deportivas para fines cinegéticos y de tiro, en los términos del Reglamento de esta Ley.

Artículo 6o. Son supletorias de esta Ley las leyes o reglamentos federales que traten materias conexas.

Título segundo.

Posesión y portación.

Capítulo primero.

Disposiciones preliminares.

Artículo 7o. La posesión de toda arma de fuego deberá manifestarse a la SDN, para el efecto de su inscripción en el Registro Federal de Armas.

Artículo 8o. No se permitirá la posesión ni portación de las armas prohibidas por la Ley ni de las reservadas para el uso exclusivo del Ejército, Armada y Fuerza Aérea, salvo los casos de excepción señalados en esta Ley.

Artículo 9o. Pueden poseerse o portarse, en los términos y con las limitaciones establecidas por esta Ley, armas de las características siguientes:

I. Pistolas de funcionamiento semi-automáticas de calibre no superior al .380 (9 mm.), quedando exceptuadas las pistolas calibres .38 Super y .38 Comando, y también en calibres 9 mm. las Mausser, Luger, Parabellum y Comando, así como los modelos similares del mismo calibre de las exceptuadas de otras marcas;

II. Revólveres en calibres no superiores al .38 Especial, quedando exceptuado el calibre .357 Magnum.

Los ejidatarios, comuneros y jornaleros del campo, fuera de las zonas urbanas, podrán poseer y portar con la sola manifestación, un arma de las ya mencionadas, o un rifle de calibre .22, o una es-

copeta de cualquier calibre, excepto de las de cañón de longitud inferior a 635 mm. (25), y las de calibre superior al 12 (.729 ó 18.5 mm.);

III. Las que menciona el artículo 10 de esta Ley; y

IV. Los que integren colecciones de armas, en los términos de los artículos 21 y 22.

Artículo 10. Las armas que podrán autorizarse a los deportistas de tiro o cacería, para poseer en su domicilio y portar con licencia, son las siguientes:

I. Pistolas, revólveres y rifles calibre .22, de fuego circular;

II. Pistolas de calibre .38 con fines de tiro olímpico o de competencia;

III. Escopetas en todos sus calibres y modelos, excepto las de cañón de longitud inferior a 635 mm. (25), y las de calibre superior al 12 (.729 ó 18.5 mm.);

IV. Escopetas de 3 cañones, en los calibres autorizados en la fracción anterior, con un cañón para cartuchos metálicos de distinto calibre;

V. Rifles de alto poder, de repetición o de funcionamiento semi-automático, no convertibles en automáticos, con la excepción de carabinas calibre .30 M-1 y M-2; fusiles, mosquetones y carabinas calibres 7 y 7.62 mm. y fusiles Garand calibre .30;

VI. Rifles de alto poder de calibres superiores a los señalados en el inciso anterior, con permiso especial para su empleo en el extranjero, en cacería de piezas mayores no existentes en la fauna nacional; y

VII. Las demás armas de características deportivas de acuerdo con las normas legales de cacería, aplicables por la Secretaría de Agricultura y Ganadería, así como los reglamentos nacionales e internacionales para tiro de competencia.

A las personas que practiquen el deporte de la charrería podrá autorizárseles revólveres de mayor calibre que el de los señalados en el artículo 9o. de esta Ley, únicamente como complemento del atuendo charro, cuando concurran a actos sociales u oficiales y a eventos de ese deporte.

Artículo 11. Las armas, municiones y material para el uso exclusivo del Ejército, Armada y Fuerza Aérea, son las siguientes:

a) Revólveres calibre .357 Magnum y los superiores a .38 Especial.

b) Pistolas calibre 9 mm Parabellum, Luger y similares, las .38 Súper y Comando, y las de calibres superiores.

c) Fusiles, mosquetones, carabinas y tercerolas de calibre 7 mm, 7.62 mm, 30 M-1 y M-2.

d) Pistolas, carabinas y fusiles con sistema de ráfaga, subametralladoras, metralletas y ametralladoras en todos sus calibres.

e) Escopetas con cañón de longitud inferior a 635 mm (25), las de calibre superior al 12 (.729 ó 18.5 mm) y las lanzagases, con excepción de los de uso industrial.

f) Municiones para las armas anteriores y cartuchos con artificios especiales como trazadores, incendiarios, perforantes, fumígenos, expansivos, de gases y cargados con postas superiores al 00 (.84 cm de diámetro) para escopeta.

g) Cañones, piezas de artillería, morteros y carros de combate con sus aditamentos, accesorios, proyectiles y municiones.

h) Proyectiles-cohete, torpedos, granadas, bombas, minas, cargas de profundidad, lanza-llamas y similares, así como los aparatos, artificios y máquinas para su lanzamiento.

i) Bayonetas, sables y lanzas.

j) Navíos, submarinos, embarcaciones e hidroaviones para la guerra naval y su armamento.

k) Aeronaves de guerra y su armamento.

l) Artificios de guerra, gases y substancias químicas de aplicación exclusivamente militar, y los ingenios diversos para su uso por las Fuerzas Armadas.

Las de este destino, previa la justificación de la necesidad, podrán autorizarse por la SDN, individualmente o como corporación, a quienes desempeñen empleos o cargos de la Federación, del Distrito y Territorios Federales, de los Estados o de los Municipios.

Artículo 12. Son armas prohibidas, para los efectos de esta Ley, las ya señaladas en el Código Penal para el Distrito y Territorios Federales en Materia de Fuero Común y para toda la República en materia de Fuero Federal.

Artículo 13. No se considerarán como armas prohibidas los utensilios, herramientas o instrumentos para labores de campo o de cualquier oficio, arte, profesión o deporte que tengan aplicación conocida como tales, pero su uso se limitará al local o sitio en que se trabaje o practique el deporte.

Cuando esos instrumentos sean portados por necesidades de trabajo o para el ejercicio de un deporte, se deberá demostrar, en su caso, esas circunstancias.

Artículo 14. El extravío, robo, destrucción o decomiso de un arma que se posea o porte, debe hacerse del conocimiento de la SDN, en los términos y por los conductos que establezcan los Reglamentos de esta Ley.

Capítulo Segundo.

Posesión de armas en el domicilio.

Artículo 15. En el domicilio se podrán poseer armas para la seguridad y defensa legítima de sus moradores. Su posesión impone el deber de manifestarlas a la SDN, para su registro.

Por cada arma se extenderá constancia de su registro.

Artículo 16. Para los efectos del control de la posesión de armas, las personas físicas deben manifestar un único domicilio de residencia permanente para sí y sus familiares.

Artículo 17. Toda persona que adquiera una o más armas, está obligada a manifestarlo a la SDN en un plazo de treinta días. La manifestación se hará por escrito, indicando calibre, modelo y matrícula si la tuviere.

Artículo 18. Los funcionarios, empleados públicos y jefes de los cuerpos de policía federales, del Distrito y Territorios Federales, de los Estados y de los Municipios, están obligados a hacer la manifestación a que se refiere el artículo anterior.

Artículo 19. La SDN tendrá la facultad de determinar en cada caso qué armas para tiro y cacería de los señaladas en el artículo 10, por sus características balísticas, pueden poseerse y en qué lugar, o lugares, así como las dotaciones de municiones correspondientes. Respecto a las armas de cacería, se requerirá previamente la opinión de la Secretaría de Agricultura y Ganadería.

Las solicitudes de autorización se harán directamente o por conducto del Club o Asociación.

Artículo 20. Los Clubes o Asociaciones de deportistas de tiro y cacería deberán estar registrados en las Secretarías de Gobernación y de la Defensa Nacional, a cuyo efecto cumplirán los requisitos que señala el Reglamento.

Artículo 21. Las personas físicas o morales, públicas o privadas, podrán poseer colecciones o museos de armas antiguas o modernas, o de ambas, previo el permiso correspondiente de la SDN.

También podrán poseer, con los mismos requisitos, armas de las prohibidas por esta Ley, cuando tengan valor o significado cultural, científico, artístico o histórico.

Cuando en una colección o museo no adscrito a un instituto armado de la nación, existan armas de las reservadas para uso exclusivo del Ejército, Armada y Fuerza Aérea, se requerirá, además, autorización por escrito, de la dependencia respectiva.

Artículo 22. Los particulares que tengan colecciones de armas, deberán solicitar autorización para la adquisición y posesión de nuevas armas al enriquecimiento de la colección o del museo, e inscribirlas.

Artículo 23. Las armas que formen parte de una colección podrán enajenarse como tal, o por unidades en los términos de las disposiciones de esta Ley y previo el permiso escrito de la SDN y demás autoridades competentes.

Capítulo Tercero.

Casos, condiciones, requisitos y lugares para la portación de armas.

Artículo 24. Para portar armas se requiere la licencia respectiva.

Los miembros del Ejército, Armada y Fuerza Aérea, así como los de los Cuerpos de Policía, Estatales o Municipales, quedan exceptuados de esta disposición, por estar sujetos a leyes y reglamentos específicos.

Artículo 25. Las licencias para la portación de armas serán de dos clases:

I. Particulares: que deberán revalidarse cada dos años, y

II. Oficiales, que tendrán validez mientras se desempeñe el cargo o empleo que las motivó.

Artículo 26. Las licencias particulares se expedirán a las personas que reúnan los siguientes requisitos:

I. Que tengan un modo honesto de vivir;

II. Que hayan cumplido, los obligados, con el Servicio Militar Nacional;

III. Que no tengan impedimento físico o mental para el manejo de las armas;

IV. Que no hayan sido condenados por delito cometido con el empleo de armas, y

V. Que por la naturaleza de sus empleos y ocupaciones, por las circunstancias especiales del lugar en que vivan, o por otros motivos justificados acrediten, a juicio de la SDN, la necesidad de portar armas.

Para actividades deportivas, de tiro o cacería, también podrán expedirse licencias particulares, por una o varias armas, sólo si los interesados son miembros de algún club o asociación registrados y cumplen los requisitos señalados en las cuatro primeras fracciones de este artículo.

Artículo 27. A los extranjeros sólo se les podrá autorizar la portación de armas cuando, además de satisfacer los requisitos señalados en el artículo anterior, acrediten su calidad de inmigrados, salvo el caso del permiso de licencia temporal para turistas con fines deportivos.

Artículo 28. Las licencias particulares se expedirán previo el pago de los derechos de portación correspondientes, los cuales se establecerán en proporción a las características de las armas.

Los ejidatarios, comuneros y jornaleros del campo están exentos de este pago.

Artículo 29. Las licencias oficiales se expedirán a quienes desempeñen cargos o empleos de la Federación, del Distrito y Territorios Federales y que el cumplimiento de sus obligaciones requieran la portación de armas. Estas licencias podrán ser colectivas o individuales.

Las licencias colectivas se expedirán a los Cuerpos de Policía, estrictamente por el número de personas que figuren en las nóminas de pago respectivas. En este caso, las credenciales equivalen a las licencias individuales y serán expedidas por las autoridades de quienes dependan. Los jefes de estos grupos remitirán a la SDN, en la forma que señale el Reglamento, una relación de las armas que se encuentren en su poder o de sus subalternos en cumplimiento de su misión.

La SDN inspeccionará periódicamente estos cuerpos, sólo para efectos de control, sin tener autoridad alguna sobre el personal.

La propia Secretaría coordinará con los Gobiernos de los Estados las medidas tendientes a obtener con oportunidad y exac-

titud las informaciones necesarias al mejor control de las armas con que se haya dotado a las policías Estatales y Municipales.

Artículo 30. Corresponde a la SDN, con la salvedad señalada en el artículo 32 de esta Ley, la expedición, suspensión y cancelación de las licencias de portación de armas, así como su registro, control y vigilancia.

La propia Secretaría comunicará oportunamente a la de Gobernación, las licencias que autorice, suspenda o cancele.

Artículo 31. Las licencias de portación de armas podrán cancelarse, sin perjuicio de aplicar las sanciones que procedan, en los siguientes casos:

I. Cuando sus poseedores hagan mal uso de las armas o de las licencias;

II. Cuando sus poseedores alteren las licencias;

III. Cuando se usen las armas fuera de los lugares autorizados;

IV. Cuando se porte un arma distinta a la que ampara la licencia;

V. Cuando el arma amparada por la licencia se modifique en sus características originales;

VI. Cuando la expedición de la licencia se haya basado en engaño o cuando a juicio de la SDN hayan desaparecido los motivos que se tuvieron en cuenta para otorgarla o que por causa superveniente se dejare de satisfacer algún otro requisito necesario para su expedición;

VII. Por resolución de autoridad competente;

VIII. Cuando sus poseedores cambien de domicilio sin manifestarlo a la SDN, y

IX. Por no cumplir el interesado las disposiciones de esta Ley, de sus Reglamentos o las de la SDN dictadas con base en esos Ordenamientos.

La suspensión de las licencias de portación de armas sólo procederá cuando a juicio de la Secretaría de Gobernación [SG] sea necesaria para mantener o restituir la tranquilidad de poblaciones o regiones.

Artículo 32. Corresponde a la SG la expedición, suspensión y cancelación de licencias oficiales individuales de portación de armas a los empleados federales, de las que dará aviso a la SDN para los efectos de la inscripción de las armas en el Registro Federal de Armas.

Artículo 33. Las credenciales de agentes o policías honorarios y confidenciales u otras similares no facultan a los interesados para portar armas sin la licencia correspondiente.

Artículo 34. En las licencias de portación de armas se harán constar los límites territoriales en que tengan validez. En el caso de que éstas sean para vigilantes de recintos o determinadas zonas, se precisarán en ellas las áreas en que sean válidas.

Artículo 35. Las licencias autorizan exclusivamente la portación del arma señalada por la persona a cuyo nombre sea expedida.

Artículo 36. Queda prohibido a los portadores asistir armados a manifestaciones y celebraciones públicas, a asambleas deliberativas, a juntas en que se controviertan intereses, a cualquier reunión que, por sus fines, haga previsible la aparición de tendencias opuestas y, en general, a cualquier acto cuyos resultados puedan ser obtenidos por la amenaza o el uso de las armas; se exceptuarán los desfiles y las reuniones con fines deportivos de charrería, tiro o cacería.

Título tercero.

Fabricación, Comercio, Importación, Exportación y actividades conexas.

Capítulo primero.

Disposiciones preliminares.

Artículo 37. Es facultad exclusiva del Presidente de la República autorizar el establecimiento de fábricas y comercios de armas.

El control y vigilancia de las actividades y operaciones industriales y comerciales que se realicen con armas, municiones, explosivos, artificios y substancias químicas, será hecho por la SDN.

Los permisos específicos que se requieren en estas actividades serán otorgados por la SDN con conocimiento de la SG y sin perjuicio de las atribuciones que competan a otras autoridades.

Las dependencias oficiales y los organismos públicos federales que realicen estas actividades se sujetarán a las disposiciones legales que las regulen.

Artículo 38. Los permisos a que se refiere el artículo anterior no eximen a los interesados de cubrir los requisitos que señalen otras disposiciones legales, según la naturaleza de sus actividades.

Artículo 39. En los casos a que se refieren los artículos 37 y 38 de esta Ley, se requerirá la conformidad de las autoridades locales y municipales del lugar respecto a la seguridad y ubicación de los establecimientos correspondientes.

Artículo 40. Las actividades industriales y comerciales relacionadas con armas, municiones, explosivos y demás objetos de uso exclusivo del Ejército y Fuerza Aérea se sujetará a las disposiciones que dicte la SDN. Cuando el material se de uso exclusivo de la Armada de México, esas actividades se sujetarán a las disposiciones de la Secretaría de Marina.

El Departamento de la Industria Militar se regula por sus propias normas legales.

Artículo 41. Las disposiciones de este título son aplicables a todas las actividades relacionadas con las armas, objetos y materiales que a continuación se mencionan:

I. Armas:

a) Todas la armas de fuego permitidas, que figuran en los artículos 9 y 10 de esta Ley;

b) Armas de gas;

c) Cañones industriales; y

d) Las partes constitutivas de las armas anteriores.

II. Municiones:

a) Municiones y sus partes constitutivas destinadas a las armas señaladas en la fracción anterior.

b) Los cartuchos empleados en las herramientas de fijación de anclas en la industria de la construcción y que para su funcionamiento usan pólvora.

III. Pólvoras y explosivos:

a) Pólvoras en todas sus composiciones.

b) Ácido pícrico.

c) Dinitrotolueno.

d) Nitroalmidones.

e) Nitroglicerina.

f) Nitrocelulosa: Tipo fibrosa, humectada en alcohol, con una concentración de 12.2% de nitrógeno como máximo y con 30% de solvente como mínimo. Tipo cúbica (densapastosa), con una concentración del 12.2% de nitrógeno como máximo y hasta el 25% de solvente como mínimo.

g) Nitroguanidina.
h) Tetril.
i) Pentrita (P.E.T.N.) o Penta Eritrita Tetranitada.
j) Trinitotolueno.
k) Fulminato de mercurio.
l) Nitruros de plomo, plata y cobre.
m) Dinamitas y amatoles.
n) Estifanato de plomo.
o) Nitrocarbonitratos (explosivos al nitrato de amonio).
p) Ciclonita (R.D.X.)
IV. Artificios:
a) Iniciadores.
b) Detonadores.
c) Mechas de seguridad.
d) Cordones detonantes.
e) Pirotécnicos.
V. Substancias químicas relacionadas con explosivos:
a) Cloratos.
b) Percloratos.
c) Sodio metálico.
d) Magnesio en polvo.
e) Fósforo.

Artículo 42. Los permisos específicos a que se refiere el artículo 37 de esta Ley, pueden ser:

I. Generales, que se concederán a negociaciones o personas que se dediquen a estas actividades de manera permanente;

II. Ordinarios, que se expedirán en cada caso para realizar operaciones mercantiles entre sí o con comerciantes de otros países, a las negociaciones con permiso general vigente, y

III. Extraordinarios, que se otorgarán a quienes de manera eventual tengan la necesidad de efectuar alguna de las operaciones a que este Título se refiere.

Artículo 43. La SDN podrá negar, suspender o cancelar discrecionalmente los permisos a que se refiere el artículo anterior cuando las actividades amparadas con los permisos entrañen peligro para la seguridad de las personas o puedan alterar la tranquilidad o el orden público.

Artículo 44. Los permisos son intransferibles.

Los generales tendrán vigencia durante el año en que se expi-

dan, y podrán ser revalidados a juicio de la SDN.

Los ordinarios y extraordinarios tendrán la vigencia que se señale en cada caso concreto.

Artículo 45. Las fábricas, plantas industriales, talleres, comercios y demás establecimientos que se dediquen a las actividades reguladas en este Título, deberán reunir las condiciones de seguridad, funcionamiento técnico, ubicación y producción que se determinen en el Reglamento.

Artículo 46. La Secretaría de Relaciones Exteriores, para conceder licencias o autorizaciones relativas a la constitución o modificación del acta constitutiva o estatutos de sociedades cuyo objeto sea el de establecer o desarrollar industrias o comercios de armas, municiones y explosivos, y para otorgar permisos a dichas sociedades con el objeto de que adquieran negociaciones relativas a las expresadas industrias o comercios, deberá exigir que se cumplan los requisitos que a continuación se indican:

a) Que en el capital social exista una proporción mínima de 51% con derecho a voto, suscrita por mexicanos o sociedades mexicanas que tengan cláusula de exclusión de extranjeros, o el porcentaje mayor que conforme a la escritura se requiera para cualquier resolución relacionada con la operación de la sociedad.

b) Para tales efectos, cuando se trate de sociedades anónimas, el capital social deberá estar constituido por dos series de acciones: una, de nominativas exclusiva para accionistas mexicanos, debiendo constar en los títulos respectivos, que no pueden ser transmitidos a extranjeros o sociedades mexicanas que no reúnan los requisitos indicados en este artículo; y otra, de libre circulación.

c) La escritura social establecerá que los administradores serán designados por los socios o accionistas mexicanos de la sociedad, y que dichos nombramientos deberán recaer en personas de nacionalidad mexicana.

Las instituciones de crédito y organizaciones auxiliares sólo podrán operar con las sociedades cuyos objetos sociales queden especificados, si les consta que han satisfecho las prevenciones del presente artículo.

Artículo 47. Cuando se trate de operaciones de adquisición de acciones o de participación en sociedades, por extranjeros, sociedades extranjeras o sociedades mexicanas con cláusula de admisión de extranjeros, los permisos a que se refiere el artículo 46, podrán otorgarse por la Secretaría de Relaciones Exteriores cuando no se infrinjan las disposiciones contenidas en el citado precepto.

Capítulo Segundo.

De las Actividades y Operaciones Industriales y Comerciales.

Artículo 48. Los permisos generales para la fabricación, organización, reparación y actividades conexas respecto de las armas, objetos y materiales que señala este título, incluyen la autorización para la compra de las partes o elementos de que se requieran.

Artículo 49. Para vender a particulares más de un arma, los comerciantes gestionarán previamente el permiso extraordinario respectivo.

Artículo 50. Los comerciantes únicamente podrán vender a particulares:

a) Hasta 500 cartuchos calibre 22.

b) Hasta 1,000 cartuchos para escopeta o de otros que se carguen con munición, nuevos o recargados, aunque sean de diferentes calibres.

c) Hasta 5 kilogramos de pólvora deportiva para recargar, enlatada o en cuñetes y 1,000 piezas de cada uno de los elementos constitutivos de cartuchos para escopeta, o 100 balas o elementos constitutivos para cartuchos de las otras armas permitidas.

d) Hasta 200 cartuchos como máximo, para las otras armas permitidas.

El Reglamento de esta Ley señalará los plazos para efectuar nuevas ventas a una misma persona.

Artículo 51. La compra-venta de armas y cartuchos de uso exclusivo del Ejército, Armada y Fuerza Aérea se hará por conducto de la institución oficial que señale el Presidente de la República.

Artículo 52. La compra-venta de armas y cartuchos a que se refiere el artículo anterior se realizará en los términos y condiciones que señalen los ordenamientos que expida la SDN o de la Secretaría de Marina en su caso.

Artículo 53. La compra-venta, donación o permuta de armas, municiones y explosivos entre particulares requerirá permiso extraordinario.

Artículo 54. Quienes carezcan de los permisos que señale el artículo 42 de esta Ley y que necesiten adquirir cantidades superiores a: 5 kilogramos de pólvora enlatada o en cuñetes, 1,000 fulminantes o cualquier cantidad de explosivos y artificios, deberán obtener autorización en los términos de esta Ley.

Capítulo Tercero.

De la Importación y Exportación.

Artículo 55. Las armas, objetos y materiales a que se refiere esta Ley que se importen al amparo de permisos ordinarios o extraordinarios deberán destinarse precisamente al uso señalado en dichos permisos. Cualquier modificación, cambio o transformación que pretenda introducirse al destino señalado requiere de nuevo permiso.

Artículo 56. Para la expedición de los permisos de exportación, de las armas, objetos o materiales mencionados, los interesados deberán acreditar ante la SDN que ya tienen el permiso de importación del gobierno del país a donde se destinen.

Artículo 57. Cuando las armas, objetos y materiales de importación o exportación comercial se encuentren en poder de la aduana respectiva, los interesados lo comunicarán a la SDN para qué ésta designe representante que intervenga en el despacho aduanal correspondiente, sin cuyo requisito no podrá permitirse el retiro del dominio fiscal o la salida del país.

Artículo 58. Los particulares que adquieran armas o municiones en el extranjero deberán solicitar el permiso extraordinario para retirarlas del domicilio fiscal.

Artículo 59. Las importaciones temporales de armas y municiones de turistas cinegéticos y deportistas de tiro deberán estar amparadas por el permiso extraordinario correspondiente, en el que se señalen las condiciones que se deban cumplir de acuerdo con el Reglamento de esta Ley.

Capítulo Cuarto.

Del transporte.

Artículo 60. Los permisos generales para cualesquiera de las actividades reguladas en este título incluyen la autorización, para el transporte dentro del territorio nacional, de las armas, objetos y materiales que amparen, pero sus tenedores deberán sujetarse a las leyes, reglamentos y disposiciones relativos.

Artículo 61. La transportación que se derive de permisos concedidos por la SDN a personas o negociaciones para realizar alguna o algunas de las actividades señaladas en este título deberá ajustarse a las medidas de seguridad que se precisen en los permisos.

Artículo 62. Las personas o negociaciones que cuenten con permiso general para el transporte especializado de las armas, objetos y materiales comprendidos en este título deberán exigir de los remitentes copia autorizada del permiso que se les haya concedido.

Artículo 63. Las personas que se internen al país en tránsito no podrán llevar consigo ni adquirir las armas, objetos y materiales mencionados en este título sin la licencia o permiso correspondiente.

Artículo 64. Cuando el Servicio Postal Mexicano acepte envíos de armas, objetos y materiales citados en este capítulo, deberá exigir el permiso correspondiente.

Capítulo Quinto.

Del almacenamiento.

Artículo 65. El almacenamiento de las armas, objetos y materiales aludidos en este título podrá autorizarse como actividad complementaria del permiso general concedido, o como específico de personas o negociaciones.

Artículo 66. Las armas, objetos y materiales que amparen los permisos sólo podrán almacenarse hasta por las cantidades y en los locales autorizados.

Artículo 67. El almacenamiento de las armas, objetos y materiales a que se refiere este Título deberá sujetarse a los requisitos, tablas de compatibilidad y distancia-cantidad que señale la SDN.

Capítulo Sexto.

Del Control y Vigilancia.

Artículo 68. Quienes tengan permiso general deberán rendir a la SDN, dentro de los cinco primeros días de cada mes, un informe detallado de sus actividades, en el que se especifique el movimiento ocurrido en el mes anterior.

Artículo 69. Las negociaciones que se dediquen a las actividades reguladas en esta Ley tienen obligación de dar las facili-

dades necesarias a la SDN para practicar visitas de inspección.

Artículo 70. En caso de alteración de la tranquilidad pública, las autoridades a quienes corresponde la aplicación de esta Ley dictarán, dentro de los ámbitos de su competencia, las medidas necesarias para asegurar el estricto cumplimiento de las disposiciones de suspensión o cancelación de los permisos.

Artículo 71. En caso de guerra o alteración del orden público, las fábricas, industrias, talleres, almacenes y establecimientos comerciales que fabriquen, produzcan, organicen, reparen, almacenen o vendan cualesquiera de las armas, objetos y materiales aludidos en esta Ley, previo acuerdo del Presidente de la República, quedarán bajo la dirección y control de la SDN, de conformidad con los ordenamientos legales que se expidan.

Artículo 72. La SDN, cuando lo estime necesario, inspeccionará las condiciones de seguridad de las instalaciones en fábricas, talleres, almacenes, polvorines y vehículos destinados a las actividades a que se refiere este Título.

Artículo 73. Los permisionarios a que se refiere este título están obligados a cumplir con las medidas de información, control y seguridad que establezca la SDN, con sujeción a esta Ley.

Artículo 74. Se prohíben los remates de las armas, objetos y materiales mencionados en esta Ley. Se exceptúan los administrativos y judiciales, en cuyo caso las respectivas autoridades deberán comunicarlo a la SDN, la que podrá designar un representante que asista al acto. Sólo podrán ser postores las personas o negociaciones que tengan permiso de la SDN.

Artículo 75. En los casos de adjudicación judicial o administrativa de armas, objetos y materiales a que se refiere esta Ley, el adjudicatario, dentro de los quince días siguientes, deberá solicitar el permiso correspondiente para disponer de los mismos, indicando el destino que pretenda darles.

Artículo 76. Los titulares de permisos generales están obligados a conservar, por el término de cinco años, toda la documentación relacionada con dichos permisos.

Título Cuarto.

Sanciones.

Capítulo Único.

Artículo 77. Serán sancionados con multa de $50.00 a $500.00 *o, por su falta de pago, con el arresto correspondiente, que en ningún caso excederá de quince días:*

I. Quienes posean armas en lugar no autorizado o que no sea su domicilio;

II. Quienes posean armas en su domicilio sin haber hecho la manifestación de las mismas a la SDN, o en su caso, sin tener la autorización correspondiente;

III. Quienes posean armas prohibidas, o de las reservadas para el uso exclusivo del Ejército, Armada o Fuerza Aérea, salvo las excepciones señaladas en esta Ley, y

IV. Quienes infrinjan lo dispuesto en el Artículo 36 de esta Ley. En este caso, además de la sanción, se recogerá el arma.

Para los efectos de la imposición de las sanciones a que se refiere este Artículo, se turnará el caso al conocimiento de la autoridad administrativa local a la que competa el castigo de las infracciones de policía.

Artículo 78. La SDN y demás autoridades facultadas para ello recogerán las armas a todas aquellas personas que las porten sin licencia, sin llevar ésta *consigo, o a quienes teniéndola, hayan hecho mal uso de ellas.*

Las armas recogidas quedarán depositadas donde designe la propia Secretaría a disposición de la autoridad competente.

El arma recogida por no llevar el interesado la licencia será devuelta previo pago de una multa de $200.00 y la exhibición de la licencia.

Artículo 79. Las autoridades federales, estatales o municipales que desempeñen funciones de seguridad tendrán la misma facultad y obligación a que se refiere el artículo anterior, debiendo proceder en los mismos términos.

Para los efectos del pago de la misma multa, turnarán la infracción a la autoridad fiscal federal correspondiente.

Artículo 80. Se cancelará el registro del Club o Asociación de tiro o cacería que deje de cumplir cualesquiera de las obligaciones que les impone esta Ley y su Reglamento.

Se suspenderá la licencia de portación de armas destinadas al deporte de tiro o cacería cuando se haya cancelado el registro del Club o Asociación a que pertenezca el interesado, hasta que éste afilie a otro registrado en las Secretarías de Gobernación y de la Defensa Nacional, de acuerdo con lo dispuesto por los artículos 20 y último párrafo del artículo 26 de esta Ley.

Se cancelará la propia licencia cuando su tenedor infrinja alguno de los deberes que le señale esta Ley y su Reglamento, o cuando deje de pertenecer al Club o Asociación del que fuere miembro.

Artículo 81. Se impondrá de dos meses a dos años de prisión o multa de $100.00 a $2,000.00 a quienes porten armas sin tener expedida la licencia correspondiente.

Artículo 82. Se impondrá de dos meses a dos años de prisión o multa de $200.00 a $2,000.00 a quienes por una sola vez transmitan la propiedad de un arma por compraventa, donación o permuta, sin el permiso correspondiente.

La transmisión de la propiedad de dos o más armas, o por dos o más veces, sin permiso, se sancionará conforme al artículo 85 de esta Ley.

Artículo 83. Se impondrá de seis meses a tres años de prisión y multa de $100.00 a $3,000.00 a:

I. Quienes porten armas prohibidas o de las de uso exclusivo del Ejército, Armada o Fuerza Aérea, y

II. Quienes sin el permiso correspondiente hicieren acopio de armas.

Artículo 84. Se impondrá de uno a quince años de prisión y multa de $100.00 a $10,000.00:

I. Al que introduzca en la República en forma clandestina armas, municiones, explosivos y materiales de uso exclusivo de las Fuerzas Armadas o sujetos a control, de acuerdo con esta Ley; asimismo al que participe en la introducción;

II. Al funcionario o empleado público que, estando obligado por sus funciones a impedir esa introducción, no lo haga. Se le impondrá, además, la destitución del empleo o cargo e inhabilitación de dos a seis años, y

III. A quien adquiera los objetos a que se refiere la fracción I para fines mercantiles.

Artículo 85. Se impondrá de seis meses a seis años de prisión y multa de $100.00 a $20,000.00:

I. A los comerciantes en armas, municiones y explosivos que los adquieran sin comprobar la procedencia legal de los mismos;

II. A quienes fabriquen o exporten dichos objetos sin el permiso correspondiente;

III. A los comerciantes en armas que sin dicho permiso vendan, donen o permuten los objetos a que se refiere la fracción I, y

IV. A quienes dispongan indebidamente de las armas con que se haya dotado a los cuerpos de policía federales, estatales o municipales.

Artículo 86. Se impondrá de tres meses a tres años de prisión y multa de $100,00 a $10,000.00 a quienes sin el permiso respectivo:

I. Compren explosivos, y

II. Transporten, organicen, reparen, transformen o almacenen los objetos aludidos en esta Ley.

Artículo 87. Se impondrá de un mes a dos años de prisión y multa de $100.00 a $5,000.00 a quienes:

I. Manejen fábricas, plantas industriales, talleres, almacenes y demás establecimientos que se dediquen a las actividades reguladas por esta Ley, sin ajustarse a las condiciones de seguridad a que estén obligados;

II. Remitan los objetos materia de esta Ley si el transporte se efectúa por conducto de empresas no autorizadas;

III. Realicen el transporte a que se refiere la fracción anterior, y

IV. Enajenen explosivos, artificios y substancias químicas relacionadas con explosivos a negociaciones o personas que no tengan el permiso correspondiente de la SDN.

Artículo 88. Las armas materia de los delitos señalados en este Capítulo serán decomisadas para ser destruidas. Se exceptúan las de uso exclusivo del Ejército, Armada y Fuerza Aérea, que se destinarán a dichas instituciones, y las de valor histórico, cultural, científico o artístico, que se destinarán al Museo de Armas de la SDN. Los objetos, explosivos y demás materiales decomisados se aplicarán a obras de beneficio social.

Artículo 89. Por la infracción de cualquiera de las normas de la presente Ley, independientemente de las sanciones establecidas en este Capítulo, la SDN podrá, en los términos que señale el Reglamento, suspender o cancelar los permisos que haya otorgado.

Artículo 90. Las demás infracciones a la presente Ley o sus Reglamentos no expresamente previstas podrán sancionarse con multa de $50.00 a $10,000.00.

Transitorios:

Artículo Primero. Esta Ley entrará en vigor quince días después de su publicación en el DOF.

Artículo Segundo. En tanto se expida la reglamentación de esta Ley, se aplicarán las disposiciones relativas de los reglamentos en vigor que no se opongan a lo dispuesto en la misma.

Artículo Tercero. A los 90 días de vigencia de la presente Ley, quedarán sin efecto todas las licencias de portación de armas expedidas con anterioridad. Pero si dentro de ese plazo los interesados se ajustan a lo dispuesto por esta Ley, sus licencias serán revalidadas.

Artículo Cuarto. Las sociedades existentes y en operación a la fecha de la presente Ley no serán afectadas en su constitución por las disposiciones de la misma; pero si desean adquirir otras negociaciones o instalar nuevas unidades industriales de las mencionadas en el artículo 46, se requerirá el permiso de la Secretaría de Relaciones Exteriores que, en caso de que ésta resuelva concederlo, sólo podrá otorgarse mediante el cumplimiento de los requisitos para las nuevas sociedades.

Artículo Quinto. Dentro de los 90 días siguientes a la fecha en que entre en vigor esta Ley, los comercios e industrias deberán ajustarse a lo preceptuado en la misma.

Artículo Sexto. Toda persona que posea una o más armas en su domicilio está obligada a manifestarlo a la SDN en un plazo de noventa días a partir de la fecha de la vigencia de esta Ley.

Artículo Séptimo. El Reglamento correspondiente señalará la forma y términos en que los particulares deberán deshacerse de las armas que, habiendo estado permitidas y ya registradas a la fecha de la publicación de esta Ley, quedan reservadas para uso exclusivo del Ejército, Armada y Fuerza Aérea.

Artículo Octavo. Se derogan todas las disposiciones que se opongan a la presente Ley.

Sala de Comisiones de la Cámara de Diputados del H. Congreso de la Unión.- México, D. F., a 25 de diciembre de 1971.- Gobernación: Luis H. Ducoing.- Alfredo V. Bonfil Pinto.- Cuauhtémoc Santa Ana Seuthe.- Juan Moisés Calleja García.- Alejandro Peraza Uribe.- Defensa Nacional: presidente, general Salvador Hernández Vela.- Secretario, Manuel Orijel Salazar.- Primera Sección: Fernando Cueto Fernández.- Manuel Piñera Morales.- Jesús Ro-

jas Villavicencio.- Fortino Garza Cárdenas.- Noé R. Ortega Martínez.- Estudios Legislativos: Presidente, Cuauhtémoc Santa Ana Seuthe.- Secretario, Ramiro Robledo Treviño.- Asuntos Generales: Rafael Rodríguez Barrera.- Enrique Soto Reséndiz.- Abdón Ortiz Cruz.- Rubén Moheno Velasco.

[Segunda lectura. Está a discusión el proyecto en lo general.

[El C. Presidente: Se abre el registro de oradores.

[El C. secretario Espinosa Pablos, Marco Antonio: No habiendo quien haga uso de la palabra, se va a proceder a tomar la votación nominal del proyecto en lo general. Por la afirmativa.

[El C. secretario Flores Bernal, Raymundo: Por la negativa.

[El C. secretario Espinosa Pablos, Marco Antonio: ¿Falta algún ciudadano diputado de emitir su voto por la afirmativa?

[El C. secretario Flores Bernal, Raymundo: ¿Falta algún ciudadano diputado de emitir su voto por la negativa? Se va a proceder a recoger la votación de la Mesa Directiva.

[(Votación.)

[El C. secretario Espinoza Pablos, Marco Antonio: Señor Presidente, el proyecto fue aprobado en lo general por una votación unánime de 183. Está a discusión en lo particular.

[El C. Presidente: Esta Presidencia informa que han sido reservados los artículos 7, 9, 12, 15, 31, fracción 4a., 35, 77 y 6o. transitorio para su discusión. Se abre el registro de oradores para la discusión del artículo 7o. del proyecto. Esta Presidencia informa que se ha inscrito para hablar en contra del artículo 7o. el C. diputado Guillermo Ruiz Vázquez. Tiene la palabra el diputado mencionado.

[El C. Ruiz Vázquez, Guillermo: Señor Presidente, señoras y señores diputados, señoras y señores: señor Presidente, quiero solicitar autorización para tratar en una sola intervención los artículos que reservé, en virtud de que están íntimamente vinculados. Son el artículo 7, el 15, el 77, fracción 1a., y 6o. transitorio.

[El C. Presidente: Esta Presidencia concede su anuencia.

[El C. Ruiz Vázquez, Guillermo: Señores diputados: antes de entrar en materia quiero manifestar que en virtud de tratarse de un asunto muy delicado el que abordé en esta tribuna, se limiten a las expresiones que yo produzca durante mi intervención, y no busquen en ellas, con malicia o con agilidad mental, interpreta-

ciones ajenas al contenido de mis palabras. Lo hago curándome en salud, en vista de precedentes que se han dado en los últimos debates, y también para centrar con la mayor objetividad posible mi argumentación.

[La ley que se ha puesto a discusión es de grande importancia por su contenido y por las circunstancias en que está debatiendo. Por su contenido, en vista de que está creando su instrumento jurídico que queremos que sea eficaz para la defensa de la seguridad del Estado, para la vigencia de la paz y de la tranquilidad pública y, para dentro de estas exigencias, conservar los marcos de libertad inherentes a las personas, señalados en nuestra ley constitucional, y que evidentemente son los que más propician la misma libertad, la misma seguridad y la misma tranquilidad de la paz pública.

[Las circunstancias exigen la existencia de un instrumento de este tipo, porque en el contexto mundial, las corrientes de violencia están siendo impulsadas desde todas las direcciones, desde todas las ideologías, a veces con sinceridad y a veces con intenciones ocultas.

[La mentalidad actual no es una mentalidad de resignación, es una mentalidad de rebeldía, es una mentalidad de protesta, es un deseo de liberación no sólo de opresiones de tipo político, sino también de tipo económico social, incluso de tipo religioso. Esto propicia también la idea de la violencia. Las costumbres que han proliferado para destruir añejos hábitos, algunos saludables y necesarios; otros, que merecen ser cambiados.

[También en la actualidad nos dan la idea de la destrucción, la idea de la agresión, la idea, en una forma airada, violenta, de liberarnos de lo que creemos que es injusto o que es oprimente. Entonces, sí es necesario que contemplemos el problema para que el Estado, guardián del orden público, conductor de la sociedad, pueda tener las facultades necesarias, pero sobre todo, usarlas en forma certera, en forma justa pero también en forma enérgica, para que sea posible en esta época difícil, en esta época en que tantas circunstancias conspiran contra la tranquilidad que sea posible que exista la tranquilidad, que exista la paz, que exista la seguridad y que exista la libertad.

[Para qué hablar de manifestaciones subversivas que a menudo hacen acto de presencia en niveles tal vez ahora no muy

peligrosos. Basta, a mi juicio, tener el ánimo en estos momentos, también las condiciones de seguridad en las que en las ciudades grandes y en los poblados proliferan el pandillerismo, proliferan esos atentados a la vida, a la seguridad, como han sido los secuestros, los plagios, algunos con intención política; otros, solamente con la maldad de obtener a través de la violencia un lucro económico.

[Y en todo este cuadro, en este marco, pensar en la ley que se ha puesto en nuestras manos para discutirla, para hacer de ella el instrumento necesario, pero también el instrumento justo, el instrumento que no sea excesivo, el instrumento que no vaya a permitir voltear la situación, que no a título de la guarda de la seguridad y de la paz se impongan en una forma drástica opresiva, arbitraria, determinadas normas que harían tal vez más daño que una tolerancia en también en sus justos límites.

[La violencia fundamentalmente se ejerce con las armas; por eso debemos enfocar el problema para que la existencia de las armas en nuestro país no vayan a ser instrumento de violencia.

[Desde este punto de vista, señores diputados, muy conveniente es que exista el control de las fábricas de armas, que exista el control del comercio de las importaciones de las armas, y cuando hablo de armas me estoy refiriendo a todo él genero de explosivos, etcétera; incluso es necesario que en la vía pública no se presente el arma como una posibilidad de agresión; incluso es necesario que el traerla consigo no constituya la tentación de la agresión o de la respuesta iracunda, sino que sea realmente un auxiliar de la autoridad constituida para mantener la seguridad.

[En este punto, completamente de acuerdo, completamente apoyando la idea del control de las armas, pero nada más hasta ahí. La posesión de las armas en el domicilio ya no es peligro que se puede contemplar al través del tráfico de armas o de la portación de armas; es el derecho a la legítima defensa, es la sensación de seguridad, de mayor confianza en el seno del hogar contra una posible agresión que se da en todo tiempo pero que en la actualidad es más factible, es posible que sea más frecuente, es más resultante natural del ambiente que otras ocasiones.

[Se dirá que esta ley no prohíbe la posesión de armas en el domicilio, es cierto que no la prohíbe, pero no es menos cierto que la controla, que la reglamenta. ¿Qué inconveniente hay en la regla-

mentación de la posesión de las armas dentro del domicilio? Porque pienso que es un abuso de la autoridad pretender ese control. En primer término, porque la actividad legislativa concreta en materia de posesión y portación de armas no permite que la ley que actualmente estamos estudiando u otra semejante legisle la posesión de las armas en el domicilio.

[El artículo relativo solamente da estas facultades para la portación de las armas. Se me preguntará que en qué manera se podría entonces satisfacer el imperativo que la propia ley señala de llevar un registro de armas. Yo daría una respuesta con dos elementos de contestación: primero, no es necesario que todas las armas estén registradas y controladas, sobre todo aquellas que no son susceptibles o que no están destinadas a su uso fuera del recinto del domicilio; segundo, hay otras formas de hacerlo que hasta hoy no habían sido contempladas, que tal vez habían sido descuidadas u omitidas, pero que no a título de la integración de un registro útil podamos llegar a situaciones que pueden destruir la libertad de la persona.

[El artículo de la Constitución, el 10o., que prácticamente es reglamentado por esta ley, fue reformado y publicado recientemente en el Diario Oficial del 22 de octubre de 1971. Todavía no está en vigor, pero estará en el momento en que se apruebe esta ley de acuerdo con los transitorios, de tal manera que conforme a él debemos contemplar este problema. El texto de este artículo es el siguiente:

["Los habitantes de los Estados Unidos Mexicanos tienen derecho a poseer armas en su domicilio, para su seguridad y legítima defensa, con excepción de las prohibidas por la Ley Federal y de las reservadas para uso exclusivo del Ejército, Armada, Fuerza Aérea y Guardia Nacional. La Ley Federal determinará los casos, condiciones, requisitos y lugares en que se podrá autorizar la portación de armas."

[La propia Constitución distingue claramente los dos conceptos: la posesión, para la que no ha facultado a ninguna Ley para establecer requisitos: la portación, para la que todos estamos de acuerdo y la Constitución lo autoriza –lo manda, diría yo– para la portación, a la que sí es posible enfocar el ámbito de esta actividad legislativa.

[*En consecuencia, compañeros diputados, los artículos que he separado, que son el 15, en primer lugar está el 7, 15, el 77, fracción I, y el 6 transitorio, están invadiendo una jurisdicción que simplemente no existe por esta ocasión en tanto no se reforme la Constitución, y que, por consiguiente, nos está vedado constitucionalmente tratar de autorizar con nuestra aprobación un Proyecto de Ley o de promover por nuestra parte alguna limitación al Derecho de posesión de armas.*

[*Se me dirá también que esta Ley no prohíbe la tenencia de armas en el domicilio, que por el contrario la autoriza, sí, pero está exigiendo una manifestación, e individualizada, de cada arma que se posea en el domicilio. ¿Es una limitación a la posesión? Sí. ¿Por qué? En primer lugar, porque el no hacer la manifestación establece una sanción, que es la que aparece en el artículo 77, fracción II, en segundo lugar, porque al crearse una fracción se está creando también el derecho de pesquisa para la autoridad.*

[¿Qué sucede, señores diputados, si cualquier persona que tiene un arma, *después de estar en vigor esta Ley no la manifiesta?*

[*Una de dos: o la autoridad se desentiende de esa manifestación y, ¿entonces, para qué sirve este precepto?, o la autoridad lo acata y entonces va a buscar en aquellos lugares en donde supone que está el arma y entonces viene la violación del domicilio.*

[*Una cosa muy distinta será la figura delictiva que consiste en el acopio de armas, que bien puede estar en un domicilio particular o en una oficina o en una fábrica, o también el delito de conspiración o de rebelión; pero éstos ya no son los presupuestos, no son los datos que amparan el derecho de la posesión del arma.*

[*En esos casos, el instrumento jurídico, la persecución de los delitos, las denuncias, la instrucción del proceso, etcétera, justificarán en un momento dado incluso la flagrancia del delito, justificarán la intervención de la autoridad en el domicilio; pero entretanto, señores, y esto es otra garantía constitucional, el domicilio es sagrado.*

[*El Estado no tiene derecho a sospechas para asomarse a buscar si una persona se comporta en una forma o en otra, menos aún si el amparo de un derecho que la Constitución le establece está poseyendo un instrumento para su seguridad. Estos conceptos tienen una gran importancia en la vida social.*

[*A nadie alarmará, por el contrario satisfará, el que se estreche la vigilancia sobre la portación de las armas, y a todos alar-*

mará profundamente el que quedemos bajo la sospecha o bajo la amenaza de una denuncia o simplemente bajo la arbitrariedad de una autoridad para que, a título de que no hemos manifestado aquella arma, sea allanado el domicilio, y en épocas de violencia; y en épocas de anormalidades sociales no son las autoridades, ni menos las inferiores, las que se preocupan en una forma muy profunda, muy honda, muy estrecha, muy absorbente, por respetar a las personas, máxime si aquellas personas, por algún concepto, no son gratas a determinadas personas que ejercen la autoridad; máxime si aquellas personas tienen actividades que en alguna forma no resulten amistosas o gratas o afines a las determinadas autoridades.

[Tal vez en el Distrito Federal no se presenten en un grado muy agudo estas posibilidades; piensen ustedes en los pueblos, en los pueblos donde todavía hay caciques, hay autoridades arbitrarias; y, no creo que sea desdoro para el Ejército, hay tropa no muy avezada al conocimiento de la ley ni menos aún al trato comedido, atento y respetuoso, para los ciudadanos.

[Si dejamos estas prescripciones en la Ley, estamos sembrando nosotros mismos una alarma; si la retiramos, estamos manteniendo en sus justos límites la facultad constitucional para legislar sobre esta materia. Yo quisiera que en esta ocasión no pensáramos en legislar a golpe de hacha, como en alguna forma se ha postulado alguna vez, de no buscarle a la técnica jurídica para hacer las leyes.

[Señores diputados: para mí francamente fue algo desalentador escuchar ayer que se denostara la técnica jurídica porque se usara para las labores legislativas, y pensaba: quienes hacen estas leyes no tendrán capacidad técnico-jurídica para que también esas leyes resulten perfectas, bien hechas. Para eso sirve la técnica jurídica, no sólo para hacer leyes de contenido revolucionario, no sólo para hacer leyes de contenido fiscal, no sólo para hacer leyes sobre contaminación ambiental y otras cosas semejantes, [sino] para hacer toda ley y sobre todo aquellas que están destinadas a darnos tranquilidad, seguridad y paz. Muchas gracias. (Aplausos.)

[El C. Presidente: Por la Comisión tiene la palabra el diputado Santiago Roel García.

[El C. Roel García, Santiago: Señor Presidente, compañeros diputados: la iniciación de la discusión en lo particular por parte del

señor diputado Guillermo Ruiz Vázquez, propiamente es una discusión de índole general. En consecuencia, voy a hacer, si ustedes me lo permiten, referencias generales al contenido y al objetivo substancial de la ley de la discusión que nos ocupa.

[Los diputados de la mayoría tenemos un enfoque distinto al del señor diputado Ruiz Vázquez, de Acción Nacional, aunque concordamos efectivamente en que existe mucha violencia en nuestros días; concordamos en que hay desasosiego social. Nada más que la agresividad y la violencia son estados emocionales del hombre en todos los tiempos, que se han exacerbado en nuestros días efectivamente; pero que se han exacerbado porque los desasosiegos sociales son la causa, y la violencia y la agresividad son el efecto de esa causa y de ese desasosiego.

[¿Qué está haciendo el Gobierno de la República para tratar de eliminar justamente esa causa, esa violencia, esa agresividad? Está tratando de repartir mejor las tierras, con una Ley Federal de Reforma Agraria; está tratando de repartir mejor el agua, de darle una mejor distribución al agua. Está tratando de realizar el anhelo de los Constituyentes con la fracción XII párrafo A del artículo 123 constitucional, dándoles casas a los obreros. Está tratando el Presidente Echeverría, el Legislativo, el Judicial, las autoridades de México, *y creo que en este caso algunos aspectos de la iniciativa privada también, estamos tratando todos ante este desasosiego de ir a los pormenores y a las causas que ocasionan la agresión y que ocasionan el desasosiego. Entonces, se está tratando, especialmente, específicamente por el gobierno federal, por el Presidente Echeverría, de atacar múltiples frentes. El principal frente que el señor Presidente está atacando es el de la justicia social. ¿Qué es? ¿Cómo se entiende la justicia social en casi todas las ideologías del mundo?*

[1o. El derecho a subsistir, a comer; 2o. el derecho a abrigarnos; 3o. el derecho a tener un techo sobre nuestras espaldas y nuestras cabezas, lo que discutimos ayer; 4o. la posibilidad de que el hombre tenga salud y que se eduque y, por último, 5o. las libertades espirituales, estéticas, etcétera, del ser humano.

[Así se concretaría, en mi concepto, en todas las ideologías de izquierda, derecha y centro, una síntesis del objetivo de ese concepto abstracto tan difícil de precisar que es la justicia social.

[Entonces, nosotros tenemos que observar, en el caso de la Ley que nos ocupa, que la seguridad de una persona y la defensa de

una persona, más que el arma, que el arma que porte o que posea, más que el arma que traiga en la cintura porque del tamaño de la pistola es el miedo, creo que necesitamos realizar mejor la justicia social, dar mejor comida, mejor abrigo, mejor techo, mejor salud y mayor libertad espiritual. En una palabra: mejor justicia social para los habitantes de México y así eliminaremos las verdaderas causas de esa violencia y de ese desasosiego social, que son propiamente un efecto o una consecuencia.

[Dice el diputado Ruiz Vázquez que no desea ser mal interpretado. No tiene por qué ser mal interpretado: tenemos fuero, tenemos capacidad para hablar, discutir y ser respetados en nuestros pensamientos, y no tenemos por qué mal pensar de ninguna actitud. Muchos menos la lealtad por él tan honesta y tan decididamente franca y sincera.

[Objetó sin embargo el diputado Ruiz Vázquez varios artículos de la Ley, aparentemente o directamente concatenados entre sí. El 7, el 15, el 31 fracción IV y el 6o. transitorio y el 77 fracción I de la Ley que nos ocupa.

[Pero yo quisiera aflorar en esta tribuna un sentimiento que traduje subconsciente del señor diputado Ruiz Vázquez, y que en definitiva recoge artículos que se han publicado en la prensa y algún relativo sentir popular; es decir, se tiene cierto temor, digámoslo con todas sus palabras y verdad, de que en un momento dado se les quiten, se les desposea a los ciudadanos de sus armas y se cometan arbitrariedades por las autoridades de la Defensa Nacional o por las autoridades de Gobernación.

[Sin embargo, yo quiero recordar un punto muy importante: ¿qué no acaso el 19 de febrero de 1913 fue creado por don Venustiano Carranza el Ejército Popular que hoy está al frente de los destinos de la Defensa Nacional? ¿Qué no es un ejército nacido precisamente de un movimiento reivindicador popular creado por el Primer Jefe con un sentido constitucionalista, como así se denominó el movimiento iniciado por él? ¿Qué no ha sido el ejército, ya no digamos del 13, del 19 de febrero de 1913 hasta la fecha, sino desde la época de las huestes de Morelos, en el sitio de Cuautla o con las huestes de Miguel Hidalgo y Costilla, o las gentes que anduvieron, el pueblo mismo con Benito Juárez, en la lucha en contra de los conservadores, no ha sido el ejército un producto popular digno, con ligeras excepciones que fueron destruidas por la Revo-

lución Mexicana precisamente por don Venustiano Carranza y por el ejército creado al calor de ese decreto de 19 de febrero de 1913?

[En consecuencia, el pueblo de México siempre ha estado del lado de las grandes causas justas y reivindicadoras que tratan de aplicar la justicia social a que me he referido antes. En el sitio de Cuautla, 63 días gloriosos de la historia de México, no tenían casi con qué defenderse los seguidores del gran cura de Carácuaro, y sin embargo, teniendo los realistas las armas, resistieron con honor, con gallardía y salieron invictos y heroicos en la defensa de la Independencia de México –consigna la historia que al son de "mitotes", así lo dice–, con gran sorpresa para Félix Calleja del Rey, cómo el pueblo sabe defenderse con poderosas armas ideológicas, las armas de la justicia social, las armas del patriotismo, las armas de nacionalismo, que son superiores a cualquier tipo de armas que posea o que se porte.

[Los Niños Héroes son un claro ejemplo también de cómo unos infantes, posesionados del más puro y noble sentimiento patriótico, se inmolaron para defender el territorio nacional y la dignidad del Ejército. Y el heroico Colegio Militar también, lógico es que ha tenido nobilísimos ejemplos, uno de ellos es Santiago Xicoténcatl, y tantos otros después que fueron héroes de la Revolución Mexicana y paradigmas de tantos movimientos.

[He hecho paréntesis general, porque es necesario aflorar las distintas manifestaciones un tanto cuanto soterradas o inconscientes que se tradujeron en la expresión un poco velada del diputado Ruiz Vázquez de que: ¡cuidado con el Ejército!, porque nos va a perseguir y cuidado con la ley porque se van a cometer bajo su amparo arbitrariedades y violaciones de la Constitución.

[Con toda la sinceridad y autenticidad de que soy capaz, no sólo la historia de México, sino analizando los pormenores y los antecedentes histórico-jurídicos del artículo 10 constitucional, creo que no se está violando en la actualidad en ninguno de los artículos indicados en forma general por el diputado Ruiz Vázquez, el artículo 10, que, entre paréntesis reformado ya, quiero hacerle una rectificación al señor diputado, ya está publicado en el Diario y operante en el Diario Oficial del 22 de octubre de 1971.

[Hecha esta rectificación, analicemos el contenido mismo del famoso artículo 10 de la Constitución, que parece estar en contraposición con la Ley de Armas que se discute.

[¿Cuál es esta garantía individual que consigna el artículo 10 de la Constitución?

[Primero: que los habitantes de los Estados Unidos Mexicanos –los habitantes, mexicanos, extranjeros, mujeres, niños no hace distinción el artículo–, tengan, regla general, libertad de poseer armas de cualquiera clase que estas sean. Esa es la regla general. ¿Con qué objeto? Para la seguridad y legítima defensa. Es decir, no para actuar en forma violenta, sino para defender los intereses suyos y los de su familia.

[Pero la seguridad no es únicamente, como decía hace unos instantes –hago este otro paréntesis–, una seguridad de tipo físico; la máxima seguridad que los mexicanos podemos tener es justamente lo que está pretendiendo el Presidente: distribuir mejor la riqueza, repartir mejor los impuestos, darle casas a los obreros, repartir mejor la tierra, etcétera, realizar la justicia social a que he aludido antes, y esa es la seguridad que hay que buscar, no la que dan las pistolas y los explosivos.

[Esta ley es un efecto de la falta de seguridad que andamos buscando –incluso también los diputados– más no su causa. Ahora bien, continuando con el artículo 10, se dice: la excepción a esa libertad de los habitantes de México para poseer armas es la siguiente: aquellas que están expresamente prohibidas por la Ley. ¿Cuál Ley? La Constitución no puede ser normativa de sí misma en este caso. Esta es la Ley Reglamentaria u Orgánica, la Ley Federal de Armas relativa al artículo 10, tal como lo es la Ley Federal del Trabajo al 123: La Ley de Aguas al Artículo 27 constitucional. Y la segunda excepción del artículo 10 es que la nación se puede reservar cierto tipo de armas para el uso exclusivo del Ejército, la Armada y la Guardia Nacional.

[Y por último, que no se podrán portar en las poblaciones las armas permitidas sin sujeción a los reglamentos de policía.

[Lo que el artículo 7, 15, 31, 77 y 6o. transitorio, analizados o separados por el diputado Ruiz Vázquez, en síntesis dicen, es que el ciudadano puede, el habitante de México puede tener un arma o varias armas; pero que la única obligación pertinente, de acuerdo con la ley y sin violar la Constitución, es manifestarlas, registrarlas ante la Secretaría de la Defensa Nacional.

[¿Quién es el Jefe del Ejército en México, constitucionalmente? El Presidente la República, de acuerdo con el artículo 89, frac-

ciones VI y VII, si mal no recuerdo, de la Constitución. Esta es una conquista ya, una vieja conquista civilista que ha sido producto de nuestra historia; pero producto de nuestra historia escrita con sangre y fuego de todos nuestros movimientos sociales, en donde el civilismo ya ha tomado carta de ciudadanía, en donde existe inmersa, dentro de otros artículos de la propia Constitución, la imposibilidad de que se cometan agresiones o actos violentos o arbitrarios ejecutados por el Ejército Nacional.

[Por ejemplo, el artículo 26 dice que en tiempo de paz el Ejército no podrá obligar a los ciudadanos... Voy a dar lectura mejor, a veces la memoria falla. Artículo 76:

["En tiempos de paz, ningún miembro del Ejército podrá alojarse en casa particular contra la voluntad del dueño", etcétera... Tradición puramente civilista. Además me refiero al artículo 129 de la Constitución, que mereció un debate muy acalorado en el Constituyente del 56 y 57, en donde Ponciano Arriaga dictó un voto particular y que dice en la parte candente que en "tiempos de paz, ninguna autoridad militar puede ejercer más funciones de las que tengan exacta conexión con la disciplina militar", etcétera.

[La Ley que nos ocupa, en su artículo 2, dice además: "La aplicación de esta Ley corresponde al Presidente de la República", etcétera. No se viola pues el artículo 89, fracciones VI y VII, y la Ley que nos ocupa igualmente remite, en cierta forma, a la Ley de Secretarías de Estado, en donde claramente se establecen las obligaciones y derechos de la Secretaría de Gobernación y de la Jefatura.

[Por último, en el Diario Oficial del 15 de abril de 1971 fue publicada, después de nuestra discusión y aprobación de la Legislatura actual, la Ley Orgánica del Ejército y Fuerza Aérea Mexicana. Allí se insiste en que el mando supremo del Ejército corresponde al Presidente –obediencia constitucional–, y en consecuencia nuestra vieja tradición civilista perdura no sólo inmersa dentro de las costumbres del país, de la actuación de la propia Defensa Nacional, de las leyes diversas a que me he referido, de los artículos constitucionales, sino de una larga tradición histórica que no se viola en los artículos comentados por el diputado Ruiz Vázquez.

[Poseer una arma no necesariamente implica portarla, aunque portar una arma sí implica poseerla; pero manifestar, tener la obligación de manifestar esa arma a un Registro Federal de Ar-

mas que lleve la Defensa Nacional –que está sujeta constitucionalmente a la voluntad del Presidente por ministerio de la propia Constitución–, creemos que no implica una violación constitucional. ¿No acaso se registran las propiedades también? ¿No hay un registro público de la propiedad? ¿No hay un registro federal de automóviles? ¿Qué no hay un registro de medicinas?, etcétera.

[Consecuentemente, los diputados de la mayoría sostenemos que esta Ley de Armas es perfecta y definitivamente constitucional, y que los artículos aparentemente impugnados por anticonstitucionalidad por el señor diputado Ruiz Vázquez gozan de cabal salud dentro de la Constitución. Muchas gracias. (Aplausos.)

[El C. Presidente: Tiene la palabra el diputado Ruiz Vázquez.

[El C. Ruiz Vázquez, Guillermo: Señor Presidente, señores diputados. Con mucha brevedad, solamente puntualizar algunos datos necesarios para la resolución de este debate. Primero, no está en vigor todavía, señor diputado, la reforma publicada en el Diario Oficial del día 22 de octubre de 1971, pues el Transitorio Único dice así:

["La presente reforma entrará en vigor el mismo día que entre en vigor la Ley Federal Reglamentaria a que la misma se refiere. O sea, ésta que estamos aprobando. Con precisión, los artículos por mí impugnados, el 7o., dice así: "La posesión de toda arma de fuego deberá manifestarse a la Secretaría de la Defensa Nacional para el efecto de su inscripción en el Registro Federal de Armas."

[El 15: "En el domicilio se podrán poseer armas para la seguridad y defensa legítima de sus moradores. Su posesión impone el deber de manifestarlo a la SDN para su registro. Por cada arma se extenderá constancia de su registro".

[77, fracción II: "Serán sancionados con multa de $50.00 a $500.00, o por su falta de pago, con el arresto correspondiente, que en ningún caso excederá de 15 días..."

[fracción II, "quienes posean armas en su domicilio sin haber hecho la manifestación de las mismas a la SDN, o en su caso, sin tener la autorización correspondiente."

[VI Transitorio: "Toda persona que posea una o más en su domicilio está obligada a manifestarlo a la SDN en un plazo de 90 días a partir de la fecha de la vigencia de esta ley".

[Para precisar algunos otros conceptos: si bien el Presidente es el Jefe nato del Ejército, no será él quien ejecute las consecuencias

de las infracciones a esta arma. Además, en alguno de los artículos que están incluidos en esta ley, se establece que no solamente la SDN o la de Gobernación, sino las autoridades auxiliares, incluso policías municipales, tendrán a su cargo la vigilancia y el cumplimiento de esta disposición.

["Francamente, si bien confío en el sentido jurídico del señor Presidente de la República, no confío en el sentido jurídico de las policías municipales. De tal manera que no el temor de perder un arma que puede ser repuesta, sino el temor de crear un estado que propicie la violación del domicilio a propósito del cumplimiento de esta Ley, por el que más y con mayor énfasis insisto en su anticonstitucionalidad.

[Trayendo a colación, en una forma muy concreta, que la facultad de reglamentar esto se refiere a la portación, en la que estoy plenamente de acuerdo, pero que la Constitución no debió a esta Ley como materia, como contenido, legislar sobre la posesión de las armas.

[Insistí en que hay dos conceptos muy claros que la Constitución distingue: poseer y portar. Si bien es cierto que portar implica poseer, también es cierto que poseer no implica portar. Más bien dicho, en el caso concreto de la posesión de armas para la seguridad y legítima defensa en el domicilio, la Constitución se aparta de la idea de que pueda ser eso una portación. De tal manera que [seguimos] concretándonos al punto de estudio –insisto– en los aspectos señalados de inconstitucionalidad. Muchas gracias.

[El C. Presidente: Tiene la palabra, por la Comisión, el diputado Manuel Orijel Salazar.

[El C. Orijel Salazar, Manuel: Señor Presidente; honorable Asamblea: El señor diputado Ruiz Vázquez hace referencia a lo que prescribe el artículo 75 de la Ley que está a discusión. Este artículo señala lo siguiente:

["Artículo 75. Los casos de adjudicación judicial o administrativa de armas, objetos...

[Perdón. Artículo 75, decía yo. "En los casos de adjudicación judicial o administrativa de armas, objetos y materiales a que se refiere esta Ley, el adjudicatario, dentro de los 15 días siguientes, deberá solicitar el permiso correspondiente para disponer de los mismos indicando el destino que pretende dar."

[(Dirigiéndose a las tribunas): ¿No es así, señor diputado?

[El C. Ruiz Vázquez (desde su curul): No, señor diputado, impugné el artículo 77, fracción II.

[El C. Orijel Salazar, Manuel: En el problema a que se refiere el señor licenciado Ruiz Vázquez en cuanto a las sanciones correspondientes, el precepto es muy claro, el precepto señala que las sanciones serán de multa de 50 a 500 pesos, y por su falta de pago con el arresto, que en ningún caso excederá de los quince días. La fracción primera dice:

[Quienes posean armas sin la licencia respectiva, o que no sea en su domicilio, y la segunda señala: quienes posean armas en su domicilio sin haber hecho la manifestación de las mismas a la SDN, o en su caso, sin tener la autorización correspondiente.

[La Comisión considera que es muy claro el ordenamiento y, además, la justificación es la siguiente: el artículo 10 constitucional señala dos facultades: la facultad de poseer armas y la facultad de portarlas, pero también señala que debe quedar reglamentada por la Ley, que en este caso es la Ley Federal de Armas de Fuego y Explosivos.

[Es indispensable que los particulares que tienen la posesión de sus armas cumplan con un requisito, un requisito que la propia Constitución señala, ya que remite a la ley reglamentaria la forma, los casos y las condiciones en que debe llevarse a cabo la posesión y portación de armas lícita. En este caso, si los ciudadanos no cumplen con el precepto legal, el procedimiento de la sanción es el correcto.

[Por otra parte, también hemos de aclarar que, en el proceso de la sanción, en otro artículo se remite para que la sanción sea impuesta de acuerdo con la infracción, por las autoridades fiscales que corresponda o administrativas. En consecuencia, compañeros, la Comisión sostiene su punto de vista y solicita de ustedes la aprobación de estos preceptos que ha invocado el compañero Ruiz Vázquez. (Aplausos.)

[El C. Presidente: Consulte la Secretaría a la Asamblea si los artículos 7o., 15, 77, fracción I, y 6o. transitorio se encuentran suficientemente discutidos.

[El C. secretario Espinosa Pablos, Marco Antonio: Por instrucciones de la Presidencia, en votación económica, se pregunta a la Asamblea si están suficientemente discutidos los artículos 7o., 15,

77, fracción I, y 6o. transitorio. Los que estén por la afirmativa sírvanse manifestarlo. Suficientemente discutidos.

[Se va a proceder a recoger la votación nominal de los artículos 7o., 15, 77, fracción I y 6o. transitorio en sus términos. Por la afirmativa.

[El C. secretario Flores Bernal, Raymundo: Por la negativa.

[(Votación.)

[El C. secretario Espinosa Pablos, Marco Antonio: ¿Falta algún ciudadano diputado de votar por la afirmativa?

[El C. secretario Flores Bernal, Raymundo: ¿Falta algún ciudadano diputado de votar por la negativa?

[Se va a proceder a recoger la votación de la Mesa Directiva.

[(Votación.)

[El C. secretario Espinosa Pablos, Marco Antonio: Señor Presidente: Los artículos 7o., 15, 77, fracción I y 6o. transitorio fueron aprobados por 160 votos en pro y 17 en contra.

[El C. Presidente: Habiendo reservado el diputado Ernesto Velasco Lafarga los artículos 9o., 12, 31, fracción IV y 35, se abre el registro de oradores para la discusión del artículo 9o. del dictamen.

[Esta Presidencia informa que se han inscrito para hablar en contra del artículo 9o el diputado Ernesto Velasco Lafarga. Tiene la palabra el diputado.

[El C. Velasco Lafarga, Ernesto: Señor Presidente, quiero solicitar tratar en una sola intervención los tres artículos que he impugnado: el 9, el 31 y el 35.

[El C. Presidente: Se concede la autorización.

[El C. Velasco Lafarga, Ernesto: Señoras y señores diputados: Vemos con toda claridad la necesidad que el Ejecutivo tiene de una reglamentación actualizada en el uso y portación de las armas. El contexto general considera a las armas como unos artificios fatídicos que no tienen más fin que el de matar. En este clima de violencia que vive el mundo y del cual no estamos nosotros exentos, hay muchos ciudadanos, muchas personas que adquieren un arma con el fin de defenderse de un posible ataque. Esa arma se transforma para ellos en una necesidad, y llegan a sentir hasta la falta de hombría y de personalidad el día que la olvidan en su casa. Es una situación verdaderamente desagradable, que lleva además a la ejecución de actos indebi-

dos, de abusos; el individuo se siente más hombre porque trae en la mano una pistola.

[Este clima de violencia los adultos mexicanos lo estamos propiciando y estamos permitiendo que en nuestros propios hogares se haga la mejor de las propagandas a las armas de fuego, recomendando a nuestros hijos que vean las películas de vaqueros. La manera de quitárnoslos de enfrente es simplemente: prendan la televisión y vean qué hermosa película. Esas películas de vaqueros, como las películas policiacas y de crímenes de la televisión, están deformando las conciencias de muchos adultos, e indudablemente de todos los niños.

[Las armas efectivamente son un aditamento, un artículo peligroso que requiere el conocimiento de su manejo, que requiere además el conocimiento de la trascendencia del mal uso que de ella se haga en un momento dado. Ojalá y pronto tengamos en esta honorable Cámara de Diputados alguna Ley que ponga coto a la inmoralidad en todos los sentidos que la televisión nos ofrece como medio de distracción.

[He impugnado los artículos 9o., 31 y 35 por un deseo de que sean operantes. Tuve alguna experiencia en el manejo de un club de caza y tiro y con frecuencia me vi en la necesidad de intervenir ante las autoridades federales para la devolución de alguna arma que fue indebidamente recogida. Mi deseo es que las personas que usen las armas, que las porten, estén documentadas de acuerdo con el contenido de la ley y no tengan problemas posteriores.

[El caso del artículo 9o, dice así:

["Pueden poseer y portarse en los términos y con las limitaciones establecidas por esta ley, armas de las características siguientes".

[Fracción I y fracción II enumera las armas permitidas. La fracción II:

["Revólveres en calibres no superiores a .38 especial, quedando exceptuado el 357 Magnum".

[Y trae un párrafo adicional que dice:

["Los ejidatarios, comuneros y jornaleros del campo, fuera de las zonas urbanas, podrán poseer y portar, con la sola manifestación, un arma de las ya mencionadas o un rifle calibre 22 o escopeta de cualquier calibre, excepto las de cañón de longitud inferior a 6.35 y las de calibre superior a 12.

[Considero que esta fracción, que indudablemente concede una facilidad para que los campesinos puedan usar un arma, tanto para su defensa personal como para proveer de su sustento, puede ser una trampa para ellos y sugiero concretamente que se adicione una sola especificación, que además está implícita en la Ley y diga:

["Los ejidatarios y comuneros y jornaleros del campo, fuera de las zonas urbanas, podrán poseer y portar, y con la sola manifestación se les expedirá la licencia respectiva gratuitamente, una arma de las ya mencionadas"; es decir, sugiero que se acepte que en este artículo se incluya la especificación de que tomen la precaución de que al registrar su arma, pidan también se les expida la licencia respectiva.

[En el campo del tema que estoy tratando, no solamente existe la posibilidad o la necesidad de que estas personas posean y usen sus armas; considero que en muchas regiones del país, la gran mayoría de ellas, pueden hacer del uso y manejo de sus armas una fuente de ingresos. La Subsecretaría de Caza y Pesca tiene una disposición en la creación de ranchos cinegéticos, esos ranchos cinegéticos le permiten al campesino el servir de guía, proveer semovientes, comida, alojamiento a grupos de cazadores que aprovechen las piezas de caza dentro de su propiedad y que puede significarle una fuente de ingresos muy respetable. Un grupo de cazadores puede dejar fácilmente 1,500, 2,000 pesos en cualquier campo en donde quiera ejercer el deporte.

[Creo que es muy interesante este punto, ya que estamos tratado también del desarrollo de las posibilidades de ingreso para la gente de campo, y ustedes ven que una parte positiva de las armas puede representar esa fuente de ingresos del campesinado. Respecto al artículo 31 dice así:

["La licencia de portación de armas podrá cancelarse sin perjuicio de aplicar las sanciones que procedan en los siguientes casos." "Fracción IV. Cuando se porte un arma distinta de la que ampara la licencia."

[Considero que hay una confusión, puesto que la intención de la Secretaría de la Defensa y el fin de esta Ley es el control de las armas de fuego. Para ese control establece dos caminos perfectamente definidos. Uno es el Registro Nacional de Armas de Fuego, en el cual se asientan las características y poseedores con sus da-

tos generales de cada una de las armas de fuego y se expide, según la Ley, un certificado por arma; pero en ninguno de los artículos referentes a licencias, que son 24, 25 y 26, se especifica que en la licencia vaya inscrita la matrícula o características del arma que va a portar.

[Volviendo al deporte de la cacería, de la práctica de tiro, es frecuente entre los cazadores o compañeros de tiro prestarse un arma para alguna práctica, o simplemente se necesita un calibre más grueso, y si no se tiene el arma, se le pide prestada a un compañero. Ese simple hecho bastaría para que se cancelara la licencia, quizás de ambos poseedores.

[Sugiero que el artículo 4o. quedara redactado de esta manera: "Cuando se porte un arma no registrada en la Secretaría de la Defensa, conforme al artículo 7°".

[Es decir, el camino del registro de armas, por un lado, controla las unidades de armas. El Registro de Licencias controla la portación de esas armas. Mi sugerencia es que se conceda o que se haga la anulación de la licencia a alguna persona con portación de armas, pero que esté en uso de un arma no registrada. Eso sí lo considero una infracción a la Ley. Pero el simple cambio de las características de un arma en una persona que tiene la licencia para portar armas, no me parece un delito; como no es un delito que una licencia para manejar automóviles obligara a manejar solamente un vehículo. Se capacita al individuo para determinada actividad, se le considera solvente moralmente, se le expide una licencia y queda en libertad de usar las armas que estén registradas conforme los ordenamientos de esta Ley. En concordancia con él, con esta verificación, el artículo 35 deberá decir:

["Las licencias autorizan exclusivamente la portación de armas registradas conforme el artículo 7o. O sea, se advierte en la licencia: no tiene validez para armas que no hayan cumplido el requisito de haber sido registradas.

[Considero que estas pequeñas modificaciones, que en nada influyen en el espíritu de la Ley, pueden hacer bastante más operante el campo, la realidad, la aplicación correcta de ella. Muchas gracias. (Aplausos.)

[El C. Presidente: Por la Comisión tiene la palabra el ciudadano diputado Manuel Orijel Salazar.

[El C. Orijel Salazar, Manuel: Señor Presidente, Honorable Asamblea.

[La adición que propone el señor diputado que me antecedió en el uso de la palabra no la considera la Comisión pertinente, tomando en consideración lo que vamos a exponer a ustedes.

[El artículo 9o. indica que pueden poseerse o portarse, en los términos de las limitaciones establecidas por esta Ley, las armas de las características siguientes: en el inciso 3o., segundo párrafo, señala: "los ejidatarios, comuneros y jornaleros del campo fuera de las zonas urbanas, podrán poseer y portar con la sola manifestación una arma de las ya mencionadas o un rifle de calibre 22 o una escopeta de cualquier calibre, excepto las de cañón de longitud inferior a 6.35".

[La Comisión considera que la forma en que está redactado este artículo, lejos de ser lesivo a los habitantes de las zonas rurales, viene a concederles facilidades tomando en cuenta que a los habitantes de las zonas rurales, con la sola manifestación de la posesión del arma, se les entrega la licencia correspondiente. No hay necesidad de hacer la adición en el sentido en que debe de ser la licencia expedida sin costo alguno, porque ya el artículo 28 de la ley que estamos tratando así lo viene mencionando.

[Por lo que se refiere al artículo 31 fracción IV, que señala lo siguiente: "cuando la expedición de la licencia, cuando el arma amparada por la licencia, se modifique en sus características originales", y la IV: "cuando se porte un arma distinta a la que ampara dicha licencia", el problema que la Comisión ha venido observando en el estudio de la ley de que se trata es el siguiente:

[Se trata de tener el control de las armas, de saber qué persona es la que hace uso de las armas. De otra manera no habría control y la Comisión considera también que es para las autoridades más fácil tener el conocimiento de cualquier delito que se cometa con el arma, estando desde luego manifestada cada una de las armas registradas, y además también en la propia licencia determinada la marca característica del arma.

[Entonces es indispensable, señores diputados, que el control de las armas se lleve a cabo de acuerdo con esta disposición, a efecto, repito, de que las autoridades puedan tener un control efectivo sobre los delitos que se cometan con las mismas. Por esta

razón la Comisión considera que no debe de hacerse ninguna adición. El artículo 35 indica:

["Las licencias autorizan exclusivamente la portación del arma señalada por la persona a cuyo nombre está expedida." Esto es resultado de la explicación que he dado a ustedes en el artículo anterior. En consecuencia, dadas estas explicaciones, la Comisión, por mi conducto, solicita a esta Asamblea que vote por el proyecto de Ley que estamos tratando en los términos en que se encuentran redactados los artículos materia de esta discusión. (Aplausos.)

[El C. Presidente: Consulte la Secretaría a la Asamblea si los artículos 9o., 31, fracción IV y 35 se encuentran suficientemente discutidos.

[El C. secretario Espinoza Pablos, Marco Antonio: Por instrucciones de la Presidencia, en votación económica se pregunta si están suficientemente discutidos en sus términos los artículos 9o., 31 fracción IV y 35. Los que estén por la afirmativa sírvanse manifestarlo. Suficientemente discutidos.

[Se va a proceder a la votación nominal de los artículos 9o., 31 fracción IV y 35 en sus términos. Por la afirmativa.

[El C. secretario Flores Bernal, Raymundo: Por la negativa.

[(Votación.)

[El C. secretario Espinoza Pablos, Marco Antonio: ¿Falta algún ciudadano diputado de votar por la afirmativa?

[El C. secretario Flores Bernal, Raymundo: ¿Falta algún ciudadano diputado de votar por la negativa?

[Se va a proceder a recoger la votación de la Mesa Directiva.

[(Votación.)

[El C. secretario Espinosa Pablos, Marco Antonio: Señor Presidente: Los artículos 9o., 31 fracción IV y 35 fueron aprobados en sus términos por 170 votos en pro y 17 en contra.

[Se va a proceder a recoger la votación nominal de los artículos no impugnados. Por la afirmativa.

[El C. secretario Flores Bernal, Raymundo: Por la negativa.

[(Votación.)

[El C. secretario Espinoza Pablos, Marco Antonio: ¿Falta algún ciudadano diputado de votar por la afirmativa?

[El C. secretario Flores Bernal, Raymundo: ¿Falta algún ciudadano diputado de votar por la negativa?

[Se va a proceder a recoger la votación de la Mesa Directiva.

[(Votación.)

[El C. secretario Espinoza Pablos, Marco Antonio: Señor Presidente, los artículos no impugnados fueron aprobados por unanimidad de 191 votos. Aprobado el proyecto de decreto en lo general y en lo particular. Pasa a la Comisión Correctora de Estilo y al Ejecutivo para sus efectos constitucionales.

[Esta Secretaría ha recibido durante el curso de la sesión de este día, Minuta de la H. Cámara de Senadores de la que por indicaciones de la Presidencia se va a dar cuenta a la Asamblea.]

BIBLIOGRAFÍA

1. Libros e informes

ALEXY, Robert, *Tres escritos sobre los derechos fundamentales y la teoría de los principios*, Bogotá, Universidad de Externado, 2003.

ARISTÓTELES, *La política*, México, Editores Mexicanos Unidos, 1998.

BARTON, David, *The Second Amendment. Preserving the inalienable right of individual self-protection, Texas*, Wallbuilder Press, 2010.

CARBONELL, Miguel, "Comentario al artículo 10 constitucional", *Derechos del pueblo mexicano, México a través de sus constituciones*, t. XVI, 2a ed., México, Cámara de Diputados-Instituto Federal Electoral-Poder Judicial de la Federación-Porrúa-UNAM, Instituto de Investigaciones Jurídicas, 2006.

CARPIZO, Jorge y Fix Zamudio, Héctor, "Algunas reflexiones sobre la interpretación constitucional en el ordenamiento mexicano", en Carpizo, Jorge, *et. al.*, *La interpretación constitucional*, México, IIJ-UNAM, 1975.

CICERÓN, M. Tulio, *De Officiis*, trad. Walter Miller, Cambridge, Harvard University Press, 1913.

COOK, Philip J., "The technology of personal violence", en Neesbet, Lee (ed.), *The gun control debate. You decide*, Nueva York, Prometheus Books, 2001.

COHEN, Stanley, *Folk Devils and Moral Panics*, Londres, Mac Gibbon y Kee, 1972.

COMMITTEE ON THE JUDICIARY, United States Senate, *The right to keep and bear arms*, Washington, U.S. Government Printing Office, 1982.

FERRAJOLI, Luigi, "Derechos fundamentales", en *Derechos y garantías. La ley del más débil*, Madrid, Trotta, 1999.

FISH, Stanley, *Is There a Text in This Class? The Authority of Interpretive Communities*, Cambridge, MA, Harvard University Press, 1980.

FRANK, Jorge Leonardo, *Legítima defensa con armas de fuego. Situaciones, aspectos jurídicos y atenuantes*, Argentina, Ad Hoc, 1993.

HOBBES, Tomas, *Leviathan*, Londres, 1651, capítulo XI, p. 161 y ss.

Instituto de Investigaciones Jurídicas-UNAM, "Antecedentes constitucionales e históricos del artículo 10 constitucional", en *Derechos del pueblo mexicano*. México a través de sus constituciones, 2a ed., t. XVI, México, Cámara de Diputados-Instituto Federal Electoral-Poder Judicial de la Federación-Porrúa-UNAM, Instituto de Investigaciones Jurídicas, 2006.

———, *Enciclopedia Jurídica Mexicana*, México, Porrúa-UNAM, Instituto de Investigaciones Jurídicas, 2002.

KANT, Emmanuel, *Principios metafísicos de la doctrina del derecho*, México, UNAM, 1978.

KLECK, Gary, y Kates, Don B, Armed, *New Perspectives on Gun Control*, New York, Prometheus Books, 2001.

LINARES QUINTANA, Segundo V., *Reglas para la interpretación constitucional*, Buenos Aires, Editorial Plus Ultra, 1987.

LONG, Barbara, *Gun Control and Right to Bear Arms*, colección Hot Pro/Con Issues, New Jersey, Enslow Publishers, 2002.

LOTT, John R., *More Guns Less Crime. Understanding Crime and Gun Control Laws*, 3ª. ed., Chicago y Londres, The University of Chicago Press, 2010.

LUCAS Verdú, Pablo, *Curso de derecho político*, tomo II, Madrid, Tecnos, 1986.

NEESBET, Lee, "Part III. Gun availability and violence", en Neesbet, Lee (ed.), *The gun control debate. You decide*, Nueva York, Prometheus Books, 2001.

NOELLE-NEUMANN, Elisabeth, *The Spiral of Silence-Our Social Skin*, Chicago, The University of Chicago Press, 1984.

ORGANIZACIÓN DE LAS NACIONES UNIDAS, Programa de las Naciones Unidas para el Desarrollo, *Informe sobre desarrollo humano*, 1994, p. 26.

ORTEGA Y GASSET, José., *La rebelión de las masas*, Madrid, Tecnos, 2008.

O'SULLIVAN, T. *et al.*, *Key Concepts in Communication*, Methuen, Londres, 1983.

PECES-BARBA, Gregorio, *Lecciones de derecho fundamentales*, Dykinson, Madrid, 2004.

PERELMAN, Ch., y Olbrechts-Tyteca, C., *Tratado de la argumentación*, Gredos, Madrid, 1989.

PÉREZ LUÑO, Antonio, *Los derechos fundamentales*, Tecnos, Madrid, 1984.

PLATÓN, *Diálogos*, Obra completa en 9 volúmenes, vol. IV, Gredos, Madrid, 2003.

REISS, Albert J. y Roth, Jeffrey A, "Understanding and preventing violence", en Neesbet, Lee (ed.), *The gun control debate. You decide*, Nueva York, Prometheus Books, 2001.

RUIZ SÁNCHEZ, Miguel Ángel, *La constitucionalidad de la portación de arma de fuego y la justificación legal de los ofendículos en México*, México, Flores Editor y Distribuidor, 2008.

SIEYÉS, Emmanuel, ¿Qué es el tercer Estado?, Alianza, Madrid, 1989.

STUART Mill, John, *Sobre la libertad*, Alianza Editorial, México, 1989.

VILLANUEVA, Ernesto, *Seguridad, transparencia y derechos humanos*, Jus, México, IIJ-UNAM, 2011.

ZARCO, Francisco, *Historia del Congreso Extraordinario Constituyente*, tomo I, Imprenta de Ignacio Cumplido, México, 1857.

ZIMRING, Franklin E., y Hawkins, Gordon, "Lethal Violence in America", en Neesbet, Lee (ed.), en *The gun control debate. You decide*, Prometheus Books, Nueva York, 2001.

2. Revistas

BAKER, Dennis J., "Collective Criminalization and the Constitutional Right to Endanger Others", en *Criminal Justice Ethics*, vol. 28, núm. 2, octubre de 2009.

BENINGER, James, "Toward an old new paradigm. The half century flirtation with mass society", en *Public Opinion Quarterly*, vol. 51, 1987.

COSSÍO DÍAZ, José Ramón, "El derecho a usar armas en México: un problema de interpretación constitucional", *Revista Mexicana de Derecho Constitucional*, núm.18, 2008, en *http://www.juridicas.unam.mx/publica/rev/cconst/cont/18/cj/cj10.htm*

GARCÍA RAMÍREZ, Sergio, "Seguridad pública, proceso penal y derechos humanos", en *Reforma judicial. Revista Mexicana de Justicia*, número 17, enero-junio de 2011.

GREEN, Gary, S., "Citizen Gun Ownership and Criminal Deterrence: Theory, Research and Policy", *Criminology*, vol. 25, núm. 1, febrero de 1987.

HAHN, Robert A., *et al.*, "Firearms Laws and the Reduction of Violence. A Systematic Review", *American Journal of Preventive Medicine*, vol. 28, núm.2, febrero de 2005.

HOSKIN, Anthony W., "Armed Americans: The impact of firearms availability on nacional homicide rates", *Justice Quarterly*, vol. 18, núm. 3, septiembre de 2001.

LOTT, John R., *More Guns Less Crime. Understanding Crime and Gun Control Laws*, 3ª. ed., The University of Chicago Press, Chicago y Londres, 2010.

LOTT, John R., y Mustard, David E., "Crime, deterrence, and right-to-carry-concealed handguns", *Journal of Legal Studies*, vol. 26, núm. 1, enero de 1997.

McCOMBS, Maxwell E. y Donald L. SHAW, "The Agenda-Setting Function of Mass Media", en *Public Opinion Quarterly*, vol. 36, 1972.

SPEIR, Hans, "Historical Development of Public Opinion", en *American Journal of Sociology*, vol. 55, núm. 4, 1950.

3. Legislación

Congreso Constituyente 1916-1917, *Diario de los Debates*, Gobierno del estado de Querétaro, México, 19 de diciembre de 1916.

Cámara de Diputados, *Diario de los debates*, *http://cronica.diputados.gob.mx/DDebates/index.html*

Cámara de Diputados, XLVIII Legislatura, *Diario de los Debates*, México, 29 de diciembre de 1971, *http://cronica.diputados.gob.mx/DDebates/48/2do/Ord/19711229.html*

Cámara de Diputados, Legislatura XLVII, *Diario de los Debates*, México, 18 de diciembre de 1967: *http://cronica.diputados.gob.mx/DDebates/47/1er/Ord/19671229.html*

Constitución Política de los Estados Unidos Mexicanos, publicada en el *Diario Oficial de la Federación* (DOF) el 12 de febrero de 1857.

Constitución Política de los Estados Unidos Mexicanos, publicada en el DOF el 5 de febrero de 1917.

Código Penal Federal, publicado en el DOF el 14 de agosto de 1931.

Ley Federal de Seguridad Privada, publicada en el DOF el 6 de julio de 2006.

Ley Federal de Armas de Fuego y Explosivos, publicada en el DOF el 11 de enero de 1972.

Reglamento de la Ley Federal de Armas de Fuego y Explosivos, publicado en el DOF el 6 de mayo de 1972.

Constitución de los Estados Unidos de América, *http://www.law.cornell.edu/constitution/*

Reforma publicada en el DOF el 17 de agosto de 2011.

Reforma publicada en el DOF el 22 de octubre de 1971.

ZARCO, Francisco, *Historia del Congreso. 1856-1857*, tomo I, México, 1857, p. 558.

4. Resoluciones judiciales

McDonald v. Chicago, 561 U.S. ___, 130 S. Ct. 3020 (2010),

Corte Suprema de los Estados Unidos, District of Columbia v. Heller (no.07-290), 2008,

(1908) 6 CLR 309, 367–8 (O'Connor J) ('Jumbunna').

5. Encuestas y datos estadísticos

FIX FIERRO, Héctor, Flores, Julia, López Ayllón, Sergio y Valadés Diego, Segunda Encuesta Nacional de Cultura Constitucional 2011, en *http://www.juridicas.unam.mx/invest/areas/opinion/doc/EncuestaConstitucion.pdf*

Parametría, ¿Presunta justicia?, 2011, *http://www.parametria.com.mx/DetalleEstudio.php?E=4268http://www.parametria.com.mx/DetalleEstudio.php?E=4268*

Dirección General de Información en Salud, Base de datos de defunciones INEGI/Secretaría de Salud, 2010, *http://seplan.app.jalisco.gob.mx/tablin/indicador/consultarDatos/191?programa_id=8&url=programa*

Instituto Ciudadano de Estudios sobre la Inseguridad, A. C, ENSI-7, resultados primera parte nacionales y por entidad federativa, 2010 *http://www.icesi.org.mx/documentos/encuestas/encuestasNacionales/ENSI-7_resultados_nacional_y_por_entidades_federativas.pdf*

——————, Encuesta nacional sobre inseguridad. Mortalidad por homicidios en México, 2010, *www.icesi.org.mx/publicaciones/cuadernos/cuaderno_6.asp*

Instituto Nacional de Estadística, Geografía e Informática, Encuesta Nacional de Victimización y Percepción sobre Seguridad Pública, 2011, en *http://www.inegi.org.mx/inegi/contenidos/espanol/prensa/comunicados/envipe.asp*

6. Periódicos

Brito, Omar, "Detener tráfico de armas de EUA, reto para la SRE", *Milenio*, 2 de septiembre de 2011, *http://www.milenio.com/cdb/doc/noticias2011/08bdd7d4361766ee8c1399eb8612b9f6*

Cuenca, Alberto, *et al.*, "Seguridad privada, negocio sin control", *El Universal*, 24 de mayo de 2010, *http://www.eluniversal.com.mx/nacion/177912.html*

Martínez, Julieta, "Libra ataque titular de consejo de seguridad", *El Universal*, 28 de noviembre de 2007, *http://www.eluniversal.com.mx/estados/66815.html*

Notimex, "En 2010, 15,273 muertes por crimen organizado: Poiré", *Milenio*, 12 de enero de 2011, *http://www.milenio.com/cdb/doc/noticias2011/50a22c5f90a91c7060c4a6dba261ca2d*

SDP Noticias.com, "Aumentan solicitudes para adquirir armas en México", 31 de enero de 2011, *http://sdpnoticias.com/sdp/contenido/nacional/2011/01/31/18/1191031*

Vega, Aurora, "Obtener permiso para portar un arma en México no es fácil", *Excélsior*, 2 de febrero de 2011, *http://www.excelsior.com.mx/index.php?m=nota&id_nota=710591*

"Calderón pide al Congreso de Estados Unidos frenar el tráfico de armas", CNN México, 20 de mayo de 2010, en *http://mexico.cnn.com/nacional/2010/05/20/calderon-pide-al-congreso-de-estados-unidos-frenar-el-trafico-de-armas*

"Una cámara de seguridad grabó el asesinato a sangre fría de Marisela Escobedo", *El Mundo Es*, 19 de diciembre de 2010, *http://www.elmundo.es/america/2010/12/19/mexico/1292762803.html*

7. Solicitudes de información

Solicitud de información presentada a través de Infomex el 19 de enero de 2009 con número de folio 0000700013509. Respuesta con fecha 6 de agosto de 2009.

Solicitud de información presentada a través de Infomex el 7 de enero de 2009 con número de folio 0000700001309. Respuesta con fecha 23 de enero de 2009.

Solicitud de información presentada a través de Infomex el 13 de febrero de 2009 con número de folio 0000700026109. Respuesta con fecha 5 de marzo de 2010.

Solicitud de información presentada a través de infomex el 13 de abril de 2009 con número de folio 0000700056409. Respuesta con fecha de 30 de mayo de 2009.

Solicitud de información presentada a través de Infomex el 23 de abril de 2009 con número de folio 0000700065109. Respuesta con fecha 5 de mayo de 2009.

Solicitud de información presentada a través de Infomex el 2 de agosto de 2010 con número de folio 0000700121710. Respuesta con fecha de 31 de agosto de 2010.

Solicitud de información presentada a través de Infomex el 28 de marzo de 2011 con número de folio 0000700053311. Respuesta con fecha de 7 de abril de 2011.

Solicitud de información presentada a través de Infomex el 8 de abril de 2011 con número de folio 0000700061511. Respuesta con fecha de 3 de mayo de 2011.

Solicitud de información presentada a través de Infomex el 25 de abril de 2011 con número de folio 0000700068811. Respuesta con fecha de 7 de mayo de 2011.

8. Fuentes electrónicas

Agencia de Alcohol, Tabaco, Armas de Fuego y Explosivos, Bureau of Alcohol, Tobacco, Firearms and Explosives' National Firearms Registration and Transfer Record, 2007, *www.justice.gov/oig/reports/ATF/e0706/final.pdf*

———, Decline in the number of federal firearms licences, 2008, *http://www.atf.gov/publications/factsheets/factsheet-decline-in-ffls.html*

———, Firearms Industry, http://www.atf.gov/firearms/industry/

———, "Firearms trafficking training provided to police officers in Mexico and El Salvador", abril de 2008, *http://www.atf.gov/press/releases/2008/04/040908-atf-provides-trafficking-training.html*

———, How to Become a Federal Firearms Licensee (FFL), *http://www.atf.gov/firearms/how-to/become-an-ffl.html*

———, Ley de Control de Armas, *http://www.atf.gov/regulations-rulings/laws/*

———, Our mission, http://www.atf.gov/about/mission/

Asociación Nacional del Rifle, Certified Courses, *http://www.nrainstructors.org/CourseCatalog.aspx*

———, Friends of NRA, www.friendsofnra.org/

———, Right to Carry 2010, *http://www.nraila.org/Issues/factsheets/read.aspx?ID=18*

Canada Border Services Agency Importing a firearm or weapon into Canada, *http://www.cbsa-asfc.gc.ca/publications/pub/bsf5044-eng.html#P004*

Clean Up ATF, en *http://cleanupatf.org/*

COOK, Philip y Ludwig, Jens, *Guns in America: National Survey on Private Ownership and Use of Firearms*, Estados Unidos, mayo de 1997, *https://www.ncjrs.gov/txtfiles/165476.txt*

Departamento de Policía Metropolitana, Registering a firearm in the District of Columba, 2008, *mpdc.dc.gov/mpdc/lib/mpdc/info/pdf/registering_firearm_dc.pdf*

Estado de California, Department of Justice, Frequently asked questions, *http://ag.ca.gov/firearms/pubfaqs.php#22*

Estado de Wisconsin, Wisconsin's new carrying concealed weapon. Questions and answers, 2008, *http://www.doj.state.wi.us/dles/cib/ConcealedCarry/ccw_frequently_asked_questions.pdf*

Federación Mexicana de Tiro y Caza, A. C, *http://www.femeti.org.mx*

HARRIS, William, Top 5 Most Popular Guns-and why, 2011, *http://science.howstuffworks.com/5-most-popular-guns5.htm*

Instituto de Investigaciones Jurídicas, UNAM, *Portación de armas de fuego*, www.bibliojuridica.org/libros/6/2687/4.pdf

Legal Community Against Violence, Massachusetts. Summary of State Firearms Laws, 2011, *http://www.lcav.org/states/massachusetts.asp*

———, Waiting Periods, 2008, *www.lcav.org/content/waiting_periods.pdf*

México Armado, *www.mexicoarmado.com*

Organización de las Naciones Unidas, *Informe de la Conferencia de las Naciones Unidas sobre el Tráfico Ilícito de Armas Pequeñas y Ligeras en Todos sus Aspectos*, 2001, en *http://www.poa-iss.org/poa/PoA_SpanishN0150723.pdf?OpenElement*

Percentage of adults with carry permits in "shall-issue" states, 2004, *http://blogostuff.blogspot.com/2004/12/percentage-of-adults-with-carry.html*

Procuraduría General de la República, *et al.*, "Tráfico de armas México-USA", 2008, *www.pgr.gob.mx/prensa/2007/docs08/tráfico_d...pdf*

Royal Canadian Mounted Police, Prohibited firearms, *http://www.rcmp-grc.gc.ca/cfp-pcaf/fs-fd/prohibited-prohibe-eng.htm*

Secretaría de la Defensa Nacional, *Armas, cartuchos y explosivos, http://www.sedena.gob.mx/index.php/tramites-y-servicios/registro-federal-de-armas-de-fuego*

———, Dirección de Comercialización de Armamento y Municiones, *http://www.sedena.gob.mx/index.php/comercializacion-de-armas/quienes-somos*

———, Preguntas frecuentes, *http://www.sedena.gob.mx/index.php/tramites-y-servicios/registro-federal-de-armas-de-fuego/preguntas-frecuentes*

———, Preguntas frecuentes de los permisos, *http://www.sedena.gob.mx/index.php/comercializacion-de-armas/preguntas-frecuentes*

———, Solicitudes atendidas por la Unidad de Enlace 2011, marzo de 2011, en *http://www.sedena.gob.mx/pdf/ifai/2011/marzo-2011.pdf*

———, Solicitudes atendidas por la Unidad de Enlace 2009, enero de 2009, *http://www.sedena.gob.mx/pdf/ifai/2009/enero_2009.pdf*

Secretaría de Relaciones Exteriores, búsqueda de tratados, *http://sre.gob.mx/tratados/index.php*

Secretaría de Seguridad Pública, Empresas autorizadas, julio de 2011, *http://siesp.ssp.gob.mx/Transparencia/*

Esta obra se terminó de imprimir en agosto de 2017
en los talleres de *Edamsa Impresiones, S.A. de C.V.*
Avenida Hidalgo 111, colonia San Nicolás Tolentino,
Delegación Iztapalapa, CP 09850, Ciudad de México, México.